鬼妹 港故事

張雪婷 (Christine Cappio) 著

U0132421

商務印書館

獻給我的母親、蒲劍和仁良

鬼妹港故事

作　　者：張雪婷 (Christine Cappio)

責任編輯：傅　薇

封面設計：楊愛文

插　　圖：張雪婷 (Christine Cappio)

出　　版：商務印書館 (香港) 有限公司

　　　　　香港筲箕灣耀興道 3 號東滙廣場 8 樓

　　　　　http://www.commercialpress.com.hk

發　　行：香港聯合書刊物流有限公司

　　　　　香港新界大埔汀麗路 36 號中華商務印刷大廈 3 字樓

印　　刷：中華商務彩色印刷有限公司

　　　　　香港新界大埔汀麗路 36 號中華商務印刷大廈 14 字樓

版　　次：2016 年 11 月第 1 版第 3 次印刷

　　　　　© 2016 商務印書館 (香港) 有限公司

　　　　　ISBN 978 962 07 0416 1

　　　　　Printed in Hong Kong

目　錄

栢海川總領事序

　　二零一五年秋天，那時候剛剛到了香港工作不久的我很幸運能夠認識 Christine 和 Stephen (Yan) Cheung。他們的友善、開放及對法國的熱愛即時深深打動了我。在我心中留下深刻的印象的，還有 Christine 含蓄的微笑和 Stephen 具感染力的歡笑聲。

　　我很榮幸獲 Christine 邀請，為她的著作《鬼妹港故事》寫序。這本書可貴之處，是可以幫助像我和我的內子一樣新來港的外國人更容易了解香港、澳門和內地。

　　這本書主要由兩個相遇的故事組成。第一次相遇發生於 80 年代初，是一個相當感人的愛情故事。當時剛從外省到巴黎學習的法國藝術學生 Christine 邂逅中國留學生 Stephen，兩人一見鍾情。現時在他們家的飯廳掛着一幅油畫，描繪他們當年在盧森堡宮前把臂同遊的情景。雖然畫中兩個離鄉的年青人看似有點迷茫，但我們仍然可以深深感受到他們之間親密的連結。

Christine 在書中幽默地講述這對年青伴侶在巴黎、南泰爾和其後在香港的生活。

書中還講到這名法國女生和香港的相遇。初離祖國，她在香港這個陌生的城市感到一絲恐懼。幸好有 Stephen 和他的家人——包括那位立刻用愛來接納及包容她的"媽咪"——充當體貼的導遊帶她探索香港。她 1985 年剛到港，那時香港正值準備回歸中國，經濟和文化正在起飛；而本港當時只有 1,780 名已登記的法國僑民 (現今數字達到 15,560)。來港之前甚少出遠門的 Christine 為讀者們寫下一個有關於這個國際都會的"驚訝報告"。

Christine Cheung 在書中感性和幽默地描述新的居住環境、人山人海但豐富多彩的街市，以及對本地佳餚和麻將的熱愛。在努力學習複雜的廣東話和本地習俗的同時，香港不知不覺間成為了這名法國女生的第二個家鄉。Christine 的著作為我們打開"融入香港禮俗之門"，使"鬼妹鬼佬"們更能懂得欣賞和尊重香港的多元文化。我在此感謝 Christine 為廣大讀者們寫下這本佳作，並親繪精彩的插畫，與大家分享她的人生和在香港的生活點滴。

栢海川

法國駐港澳總領事

張建宗局長序

我是東華三院轄下支援殘疾人士就業的社會企業 —— 愛烘焙(iBakery) —— 的忠實顧客。我於愛烘焙設在金鐘添馬政府總部大樓地下的餐廳，經常遇到一位笑容可掬、和藹可親的外籍女士，與殘疾僱員打成一片，心想："東華三院真有生意眼光，聘用一位外籍管理高手去推動業務及促進傷健共融"。

後來，方知道這位與愛烘焙團隊相處融洽的外籍女士，並非高薪厚職的管理層，而是一位"四出"兼備的超級大義工，既出錢又出力，既出心更出席。這位來自法國的熱心人士，家住大埔，長途跋涉來到金鐘的愛烘焙餐廳擔任義務工作，並為其工作團隊義教英文。這位充滿愛心的女士，正是香港教育大學張仁良校長法國籍的夫人 Christine。

張夫人無私奉獻，推動共融文化的熱忱，是香港作為一個華洋雜處社會的最佳寫照，亦反映社會上有不少有心人，一直不問收穫，默默參與義務工作。截至 2016 年 2 月底，社會福利署推動的義工運動錄得超過 126 萬 2 千人的登記義工總數，及超過 2 千 8 百間參與機構總數，創歷年新高。而 2014 年全年的義工服務小時更超過 2 千 2 百 40 萬小時之多。

我希望讀者們能從張夫人在香港生活的點滴中，重新細味這個中西文化交匯點的人情味和趣味，重新認識香港，更加珍惜、愛護和欣賞香港。

張建宗

勞工及福利局局長

黃嫣梨教授序

　　張仁良校長的太太 Christine 是法國人，1986 年來港定居，一住三十年。她不僅能說流利廣東話、普通話，更學習漢語多年，曾任職於不同機構，並參與義務工作，和社會各階層人士接觸。她努力融入這座華人城市的身影，看到她視這兒是自己的家園。

　　我與 Christine 並非相識多年的知交，但細讀她的文字，卻有種熟絡的感覺，感受到她對這陌生城市的好奇與探索的熱忱，筆觸細緻而率真。作為外國人，作為女性，處身這個文化背景截然不同的華人社區，雖說有丈夫及夫家成員的支持，但要融匯其中，可以想像並非一件易事。

　　Christine 初踏足這城市，已不想把自己局限在某個小圈子的生活之中，她曾任職珠寶製造公司，工作間僅有她一位外國人；更有趣是她喜愛逛濕貨市場，也就是我們說的"街市"，不少摩登主婦都敬而遠之，她卻樂在其中。

她文章記錄的都是生活瑣事,一段段軼聞舊憶都印象猶深,滿溢緬懷之情。要融入一個群體,沒有比生活這個介入點更實在、更透徹。面對全新的起居模式,她以敞開的心懷去摸索,一些明顯存在着南轅北轍文化差異的事情,她都用心了解,如祭祠儀式,以至細味坐月子的補品,換一個角度,便領略到箇中不一樣的味道。

她這一則異鄉故事充滿溫馨情意,大概因為她能抱持女性的敏銳觸覺,並以一種如水的特質,既柔和且具力量,慢慢滲透這片土地,去到一個地步,就是滋養。這些年她都參與義務工作,從事基層的服務,助人悅己,收穫是挺豐富的。

Christine 留居香港快三十年了,這期間香港亦經歷了她發展史上的大事 —— 回歸中國,以及各種各樣的困難和變遷。作為外人(移居自法國的外國人),也是自家人(與這城市共度三十個寒暑),她的觀察、感受,提醒我們這城市其實有很多美好的人和事。

我很高興為她這本新作撰寫序言,翻閱書頁,聆聽這位如同舊雨的新知訴說心底話,末尾她提到,若初來香港時,資訊網絡如同今天般發達和方便,"我或許便不會感到文化差異……我便不會有動力去學習廣東話,去了解中國文化。"回溯走過來的道路,便明白,逆境、困難,有時候就是動力的來源,讓我們一起憧憬這城市會有更美好的前路。

黃嫣梨

香港中國近代史學會名譽會長

《香港作家》編委會委員

張仁良校長序

　　1982 年巴黎深造之旅，不但令我大開眼界，更在各方面改變了我的人生。

　　1983 年 9 月，我邂逅了 Christine。當時她跨越 500 公里，從里昂到巴黎唸書。猶記得她拖着行李站在宿舍門口，一臉惶惑。空餘時，我們會去中式餐廳、煮東西給朋友吃、郊遊、探索巴黎。當時唸數學的我正攻讀統計學博士學位，習慣看數字和方程式，對藝術一無所知。一個中國學生、一個法國學生，兩個異鄉人註定在巴黎相遇，就此展開三十年的旅程。她帶我到美術館、看藝術表演，我帶她品嚐中菜、向她介紹中國文化。但有一點我們是相通的，那就是對彼此的愛。

　　1985 年暑假，她初次來港玩一個月，拿着那一年每個週末都在肉店裏打工攢錢買的機票。一年後，她再次回到香港，並留下來，至此定居。過去三十年，她從"鬼妹"蛻變為"鬼婆"，從聽不懂本地人講話到說得一口流利的粵語，從一位年輕的法國女子到中式家庭主婦——雖然聽上去漫長，但這些蛻變承載着一段段難忘的故事，歡樂而且窩心。

1986 年，婚後的我們在深圳度週末，又在成都和西安玩了十天。還記得她的機票錢是我的兩倍，就因為她是外國人。現在，我們為慈善機構的事每年至少回國內一次，票價是相同的。這幾十年來，她不僅經歷香港的成長，也見證內地的改變。

我佩服她的勇氣，正值年少便毅然來港，之後鍥而不捨地學漢語、習中國文化，最後更以香港為家。這本書寫下她三十年來在香港和內地度過的悠悠歲月，希望大家細賞。

張仁良教授

香港教育大學校長

自序

　　兩人命中注定在一起，中國人說這是"緣分"。我從未想過有一天，我會生活在香港——"香味瀰漫的海港"，從未想過我會講一口流利的粵語和普通話，雖然夾雜着法語口音；我從未想過會享受那些對我來說曾經很神秘的異國食物，也從未想過會舒心地走在川流不息的人海中。

　　離開法國來到香港那年，我還不到二十二歲。我為了和仁相守而來到香港，我深愛着他，所以也沒考慮到陌生的生活究竟會怎樣。那時雖然年輕，內心卻很堅定，我興奮地期待未知的旅程。初來香港的頭一年，我盡力熟悉這裏的生活方式和文化。我學做中菜，了解香港人的口味、習慣、信仰。雖說直到現在語言仍是最大的障礙，但我還是很快適應了這裏的生活，並且做了改變我一生的決定：香港就是我未來的家。做這樣的決定，我從未後悔。

　　現在，三十年快過去了，我已經由一個"鬼妹"

變成"鬼婆"。我在香港逗留的時間比在法國還長，那我到底算是法國人還是更像香港人呢？雖然我覺得自己已經算得上是地道香港人，但其他人還是常把我當成"鬼婆"，或許是因為我是白人吧。我倒不在意被人叫"鬼婆"，但人家還把我當外國人看，我就會不太開心。

我感謝這麼多年來仁給予我無盡的愛，感謝他的家人毫無保留地接受我，讓我在異國他鄉擁有一個溫馨的家。同時，謹以拙作獻給我的父母，感謝他們支持我當年背井離鄉隻身赴港；還要感謝在香港的朋友，他們的慷慨和給我的溫暖是我在世界其他角落找不到的。

於香港

仁

一切開始於我高二那年。那時我一心想拿藝術學位，不想像大部分同齡的人那樣去讀諸如數學、文學或者經濟那樣循規蹈矩的專業。如果我的父母也如那些虎媽狼爸，那他們肯定無論如何都得把我逼進大學。我所讀中學的職業輔導員也跟我說"搞藝術的都是身後留名"。幸好我父母一向開明，而我也很堅持，在家鄉里昂拿到"應用藝術"文憑後，便隻身到巴黎進修"工業陶瓷設計"高等文憑課程。

巴黎距離我父母家五百多公里，我申請住在南泰爾大學（即巴黎第十大學）的留學生及外省學生公寓裏。南泰爾在巴黎西郊，離我進修學校所在的巴黎第十五區坐地鐵大概四十五分鐘。

住進南泰爾學生宿舍是 1983 年 9 月，幾天後宿舍管理員介紹我認識了一位建築系留學生，名叫毛毛，來自喀麥隆。毛毛又介紹我認識他的幾位朋友，其中一位來自香港，名叫仁，看得出仁對我頗有好感，但得知我在里昂有男朋友之後，他開始刻意迴避我。而我對他印象也不錯，只是不確定是否應該和他走得更近。毛毛倒是給了我一個明智的建議：就順其自然吧。一個月以後，我和里昂的男友分手，然後開始和仁交往。我們很快就墜入愛河，一刻都不能分離。

仁的名字的粵語拼音是"Yan"，用粵語發音聽起來像法語的"Yann"，也就是布列塔尼語的約翰（John），在法國別人都叫他"Yan"。他全名是"仁良"，意思是仁慈善良。我的男朋友有這樣的名字，那人一定也不會壞吧！仁教我用漢字寫他的名字，還好這兩個字筆畫都不多，我很快就學會了。

仁身材偏瘦，樣貌英俊，有一雙深棕色的眼睛。他眉毛濃密，一頭烏髮略微有些長。以後我便成了他的理髮師。他穿着中式棉襖，看起來很逗人喜愛。不過說實話，他也不是完美的。就如大部分香港人一樣，他是近視一族，直到最近才做了矯視手術。當年他一直戴隱形眼鏡，早上起牀時他如果不戴他那副厚重的眼鏡，他幾乎什麼都看不清楚。

仁在巴黎第六大學讀書，他會說流利的法語，我們的交流沒有一點問題。雖說他的法語帶點香港口音，但在我聽來，卻頗為可愛。我中學開始學英語，但如很多法國人那樣，還是講得不好。仁跟他的大家姐一樣，先在大學學了兩年法語，然後申請了法國政府提供的兩年留法獎學金。我們認識那年已經是他在法國的第二年。幸好幾個月後他向學校的學生福利辦事處提出因需完成論文而延期獎學金的申請獲得批准，於是我們又多了一年時間在一起。

那時仁大概每月都請我去中菜館吃一次港式點心。多個裝在竹製蒸籠內的小點心同一時間疊放在我們桌上，在我看來煞是有趣。腸粉就像是透明的法式煎餅，而當我第一次看見叉燒包，還以為是生麵粉團，但一吃卻驚覺美味無窮。還有各式蒸餃，看起來都十分精緻可口。因為份量小，每一款點心都可以試試。這都只是未來香港生活的"預演"。我經常逗仁說，他比我富有，雖然他也只是拿獎學金，但付完房租和往來巴黎三個交通區間的車費，他居然還有錢請他的法國窮女友上館子。每次上館子，他都要點普洱茶。仁最愛喝普洱茶，普洱深褐的茶色在他的茶壺裏留下厚厚的茶漬。而我總覺得普洱茶有股木屑的味道，我習慣了喝我媽媽泡的伯爵紅茶，味道芳香。那時我唯一喝過的中國茶就是茉莉花茶（香片），每次喝過之後我都覺得一陣暈眩，後來我才得知，茉莉花茶性涼，不適合像我這樣體質易寒的人，而普洱茶較為適宜，無需太濃，顏色呈金棕色恰到好處。

平時晚上我們要不在學校飯堂吃飯，要不在我宿舍吃飯。最方便的晚餐莫過於熱一罐仁從唐人街買的回鍋肉或者午餐肉，加上仁從香港帶來了電飯煲，煮飯也很方便。電飯煲對我來說太好用了，為什麼擁有各式廚具的法國人卻差了電飯煲呢？我們兩人簡單的晚餐雖很可口，只是可口美食高鹽高脂肪，我馬上長胖了。但是仁的身形沒有半點變化，還是和以前一樣清瘦。

有一天我們去巴黎看望仁的大姐的朋友布蘭迪尼。布蘭迪尼剛從香港回來，帶了很多冬菇，於是仁當即決定做冬菇燜雞。他想向我證明，他不僅僅會烹調罐頭食品，於是我回應，"仁真是'甄能煮'啊！"（《甄能煮》是以前北美的一個烹飪節目，英文名是"Yan Can Cook"，正好是仁的名字的拼音。）仁是家中獨子，另有五個姐妹，來法國之前，他從未下過廚。但現在，他居然會做冬菇燜雞。後來他也教我做中菜，有時週日他還會做飯給我。

週末我們幾乎都和朋友聚餐。大家分工買菜做飯。我們通常在學生宿舍的公共聯誼室吃飯，也就是我和仁住的那棟樓。聚餐總可以吃到多樣菜式，大家聊天甚歡，偶爾也談談政治。

有一個週六晚上，仁邀請了住在學生宿舍的十五個朋友來吃港式火鍋。他熬了清湯，但因為在南泰爾附近拉德芳斯的超市，買不到切好的肉片（這點和香港的超市很不同），仁只好自己操刀。因為人多沒法都圍着桌子坐，大家只好站着，或者圍着桌子走動去拿吃的。這是我第一次吃港式火鍋，感覺很有趣。我現在還記得大家圍着桌子，用叉子去叉鍋裏的食物。雖然沒有魚蝦海鮮，也沒有新鮮麵條，但三年後，我在香港吃到了正宗的港式火鍋，我不得不說，那時仁做的港式火鍋真是"似模似樣"，肉片配襯大量的蔬菜，比我老家的法式火鍋健康得多。

做班戟（薄煎餅）也是仁追求我的法寶之一。我記得某個週一早上，我上課之前仁跑到我宿舍門口帶着新鮮出爐的薄餅。我那時候課堂緊密，每天早上六

於學生宿舍與朋友共享港式火鍋

點四十五分就要出門,所以我們不會在這個時間見面,因為對仁來說這實在太早了。仁習慣夜深人靜之後學習,當然第二天午餐之前他是不會起牀的。他送班戟來的前一天,我回里昂老家家休了個短假,週日才回宿舍。仁是用他們週末開"班戟派對"剩下的材料給我做班戟。當他週一一大早捧着熱騰騰的班戟站在我宿舍門口,我真是又驚喜又感動。

　　有時仁也會看看我有多"勇敢"。我還記得他第一次帶我去巴黎十三區唐人街的中國超市買蛇羹的情景。我一直怕蛇(直到現在都怕),更別提吃蛇了!他想讓我嚐試,我也希望展示自己多有冒險精神,所以我就同意了仁的提議。他買了一罐罐裝蛇羹,回宿舍後加熱之後我們一起品嚐。熱湯下肚時我卻總想像

在南泰爾勇敢地吃加熱的罐裝蛇羹

有條蛇盤繞在我的喉嚨裏，感覺很不舒服。那天在超市，我還看見冰櫃裏擺放着的一磚磚乳白色方塊，如乳酪一樣，我以為那是中式乳酪，仁笑我說那叫豆腐。

除此之外，我們還一起去逛博物館，在聖米歇爾區附近散步，盧森堡花園和西堤島也是我們常去的地方。我倆也喜歡邀約朋友一起外出郊遊，週日我們常去巴黎西部的聖日耳曼昂萊的的森林野餐。如有長週末我們便驅車到別的城市。有一回，一位剛畢業的朋友駕車帶我們到他媽媽家過週末。他媽媽家在法國中部的穆蘭。另一次我們去了法國和瑞士邊境上薩瓦省的聖熱爾韋萊班，還有一次去了北部諾曼底區的聖米歇爾山，和布列塔尼省的小城聖馬洛。這些青春的印記回憶起來總讓人快樂，也讓人倍感歲月匆匆。

從我們交往開始，我就知道仁學業結束後是一定會回香港的。他跟我說過多次他不會留在法國，希望我可以考慮畢業以後也去香港。我對香港充滿好奇，但仁並沒有為我描繪一幅美麗的圖景，他只說香港擁擠悶熱，夏天經常颱風肆虐。他還說如果我來香港生活，那就得請一個家務助理幫忙料理家務，在香港中產階級人家請家務助理是很普遍的。不過他說的這些我都沒太在意，沒過多久就忘了。

先不說決定去香港生活，我倒是挺想找個假期先去香港看看，只是我自己沒法負擔旅費。我父母只貼補我日常生活的必需開銷，所以我不能開口找他們要路費，他們自己也從沒到過像香港這麼遠的地方，因此路費只有我自己想辦法湊齊。

1984 年 9 月，我開始第二年的學業。一位師姐問我是否願意接替她的一份兼職工作，是在露天市集當幫工。這份工作對於一心想攢錢去香港的我來說來得正合適，但我必須早起，因為大部分法國的露天市集從早上七點開到中午一點，一週營業一到兩天。早起沒關係，但得知是在賣牛雜的攤位工作，我嚇了一跳。幫忙賣點衣服、玩具、蔬菜、水果之類的還行，賣魚也湊合，賣牛內臟卻是我從沒想過的。但這也由不得我挑剔，為了攢夠去香港的機票錢，我還是接受了這份工作。

我的老闆是周生周太，他們有兩個攤位。週六我在他們靠近“巴尼奧萊門車站”的攤位工作，週日則在“白屋”車站附近的攤位。為了掙夠去香港的路費，我也只能不辭辛苦了。我要賣的東西有牛腎、小牛胸腺、牛尾、牛胰臟、牛肚以及小牛肝。老闆人很好，每週都會給我一塊上好的法蘭牛排或者一片卡昂牛肚。但冬天着實難熬，因為我要用手拿放在冰塊上的食材。雖然我戴着羊毛手套，外面還再套一雙橡膠手套，我的手指還是被凍僵。幸好有仁借給我的中式棉背心讓我的身體不至於受凍。

週六晚上我們會和朋友開派對，但因為我週日要打工得早起，所以週六晚上十二點左右，我就得離開派對。仁會先送我回宿舍，然後再回去和他的好兄弟們跳舞。我們分別之後，我腦海裏還一直迴蕩着派對上播放的米高積遜高音調的"在這個顫慄……顫慄之夜"或者大衛寶兒那幽靈般的歌聲"噢，噢，噢……我嬌小的中國小姐"。

　　週末早上大約六點我便要穿過校園奔赴集市。清晨的校園人很少，我有點害怕，因為南泰爾大學附近的區域治安不太好，住的人很雜，這些人常到校園使用衛生間和浴室。我一路祈禱不要遇到什麼壞人。我記得有一天，一個高個子男人朝我走來，我很緊張，只敢低着頭向前走，告訴自己我只不過如螞蟻一樣渺小，他看不到我的。不過，這人從我身邊走過，人家一點都沒注意到我。我經常莫名其妙地擔心緊張，但很奇怪，我在香港這麼多年，從來沒有這種不安全感。

　　打工的這一年生活變得很忙碌，仁也在加緊完成他的畢業論文，為了忙碌之中多點見面時間，仁從宿舍的三樓搬到我住的二樓，這樣我們離彼此更近了。

　　1985年初的寒假，仁帶我搭渡輪穿過多弗海峽，到倫敦旅遊，我還從沒去過英國呢。我們準備住在仁的中學同學家，這位同學那時正在倫敦讀書。我以為香港是英國殖民地，按理香港人就算是英國公民，但仁申請英國的旅遊簽證居然比我難。他給我看他的護照，首頁印着"二等英國公民"，這幾個字讓我很吃驚。之後他告訴我，他的媽媽出生在中國大陸，1949年來到香港，但她只有香港身份證明文件而沒有護照。

到倫敦之後又遇到另一件事，仁的那位中學同學回香港過春節了，而他是在回到倫敦之後才收到仁給他的信說我們要在他家借住幾天，也就是說，我們到達倫敦的那天，住不了仁的朋友家。那夜天寒地凍，我們兩人一共只帶了二十鎊現金。一位好心的的士司機把我們載到最近的一家旅店，他也知道我們就只能負擔最基本的花銷。雖然一開始不順利，但接下來的六天，我們逛博物館，在市區散步，過得很開心。

1985年5月，仁通過了統計學博士論文答辯，準備回香港。他清空了宿舍，把幾件在巴黎伴隨他三年的家什放在我這裏：一個帶有拂柳圖案的茶壺，一隻印有藍色"福"字的帶柄茶杯，一個藍白米子紋底的塑膠盤子，兩個竹製茶葉罐，一台小電視，一件藍色絲綢中式外套，衣領裏還有個白色棉質內襯，一件黑色絲綢夾層棉背心，以及我們經常煮飯的橘黃色小電飯煲，用仁的話說：救命的電飯煲。這個寶貝電飯煲是他大姐的朋友布蘭德尼從香港帶來法國的，它現寄存在里昂我父母的家中，我和仁回法國探親還會用它煮飯。

回香港之前，仁還想在歐洲遊玩一番。他買了一張歐洲鐵路通票，和他幾個香港朋友去了歐洲一些國家。可惜因為我得打工攢赴港旅費，不能和他同行。結束歐遊後，仁到了里昂看望我的父母，這是他第一次見我的父親。我母親前一年來巴黎時，已經見過仁了。她來巴黎就是專程想看看這個讓她女兒如此深愛的香港人到底是什麼模樣的。仁這次拜訪我父母，也是想讓他們知道，他對我的愛和願意和我白頭到老的決心。

初抵香港

到 1985 年 8 月，我終於攢夠了去香港的來回機票錢。仁兩週之前就已經從法國回香港了。這不僅是我第一次去香港，還是我第一次來亞洲。我一直覺得亞洲魅力無限。這源自六歲那年我從老師那處認識到日本的習俗和節慶，我們在幼稚園的院子裏掛上紙做的彩色鯉魚，慶祝日本的男孩節。後來我還學會怎麼用筷子，不過直到十歲那年才真正算用過筷子吃飯。那是在一家叫"帝宮"的中菜館，包筷子的紙套上面印着餐館的名字和標識，我留下作記念。這家餐館在離我父母家不遠的小鎮維埃納，小鎮的亞洲人主要來自越南、柬埔寨和老撾。但對我們西方人來說，所有亞洲人看上去似乎都一樣。

關於香港，我記得初中時看過的一本世界各國百科全書，裏面有幾張香港的照片：藍天白雲下帆船星羅棋佈的維多利亞港，摩天高樓中夾雜着古舊的建築物，還有半隱在竹棚架內還在施工的新商廈，這些照片都是西方人慣常的取景，無甚新意。我來香港除了想真正認識香港，還要去看望仁的媽媽，仁早就告訴她我是她唯一的兒子的女友。她倒是不介意仁找外國女朋友，只要不是黑人就行。我猜她是因為從來沒接觸過黑人，所以不習慣他們的黑皮膚。後來和她相處，我覺得她那麼和善，就算仁要娶個黑人回家，她也一樣會疼愛。

1985 年 8 月 5 日是個很重要的日子，這天是我人生中第一次坐飛機。我訂的是泰國航空公司的航班，從巴黎戴高樂機場出發，我特意要求坐靠走廊的座位，因為我覺得起飛時看見窗外不斷遠離的地面會很可怕。飛機上以英文作廣播，我大半聽不懂。飛機起飛時，我一直緊緊抓着扶手，眼睛盯着放在腿上空姐送來的迎客蘭花。一直到飛機平穩飛行，空姐開始派發餐單和帶茉莉香味的濕巾時，我才鬆了口氣。飛機在曼谷作中途停留，這一程夾雜着遠行的緊張和即將見到仁的興奮，我幾乎都沒怎麼睡着，覺得有點疲倦。飛機再次起飛時我已沒先前那麼緊張了。從曼谷到香港飛行時間不長，隨着一陣劇烈的耳鳴，我聽到機長廣播飛機即將降落在香港啟德機場。

我早知道香港啟德機場因為建在市區，飛機降落時幾乎是從一排排居民屋頂擦邊而過，聽說乘客甚至可以看見樓裏的人們在吃飯。但因為我坐在靠走廊的座位沒機會見到這樣的景象。入境時我拿到三個月的逗留許可，然後拖着行李箱朝前走，忽然驚覺自己已身在一群亞洲人之中，不免有種陌生感。我努力尋找仁的身影，然後我看到他，站在迎接旅客的黃線之外，微笑望着我。兩週的分離，似乎已隔很久。現在，真不敢相信我已經到香港了！

　　一出機場我才發現香港有多麼悶熱！這樣的熱浪是我從不曾經歷的，空氣濕度很大，我瞬間覺得全身都是黏黏的，仁的眼鏡也馬上結了一層水霧。街上充斥着風乾海鮮的鹹腥味，而這個城市居然叫"香港"。我們站在排成長龍的隊伍中等的士，幸好一輛輛紅色豐田皇冠魚貫而入，我們倒也沒等太久。的士飛快行駛，穿過海底隧道，我們沒多久便到了灣仔。這裏高

街道上五光十色如天網的招牌

樓林立，我抬頭看到樓外掛着各種巨大的招牌，上面的漢字我一無所知。這些商標、廣告如一張五顏六色的天網，罩住了狹窄而錯綜的街道。

我們下車的地方是軒尼詩道和莊士敦道的交接處，也在克街和茂羅街之間，這裏便是仁的家。他家住在十三樓，一樓大堂的信箱上寫着"288-13/F"。信箱上居然沒有住客名字，這跟法國很不一樣。不過這樣其實更容易，想想這棟大樓裏姓張的人一定不止仁的家人。只是郵遞員一定得眼力很好，不然面對這幾百個密密麻麻的信箱很容易把信投錯。

仁告訴我 288 和 13 對香港人來說是幸運數字，288 的粵語發音近似"易發發"，也就是容易發財，13 聽起來像"實生"，意即"一定生生猛猛"。因此之後我們便稱這座公寓為"易發發大樓"。等電梯時，來了大約十個住客，有的互相聊天，他們說的話我當然不懂。電梯一到，大家都蜂擁而入，也不管是否擠到了旁邊的人。我們剛進電梯，門馬上就關了，因為有人用力地按着關門按鈕。我還以為這麼拼命按關門鍵的人一定有要緊事所以回家心切，但後來發現所有人都這麼做，我想香港人真是忙到顧不上禮儀了。

進了家門，仁首先介紹我認識他的媽媽，他們說的是粵語。他媽媽當然不會像法國人那樣以親吻和擁抱問候，她只是看着我咧嘴笑。然後仁介紹我認識他的姐妹，見面"儀式"很簡單，就是點頭或說"你好"。香港人的問候方式比起法國人內斂很多，法國人向父母道早安晚安時都會親吻他們。我離開法國那時，似乎不怎麼熟悉的人也流行見面互相親吻臉頰，男士們也如此。

仁是家中獨子，有兩個姐姐和三個妹妹。他父親六年前就過世了。兩個小妹還在上大學。他的姐妹都會講流利的英文，大姐和五妹還會說法語，這讓我倍感親切，很想融入這個多語種的家庭。不過仁的媽媽不會外語，我名字中的"r"音她也不會發，於是在她口中我的名字成了"紀詩婷"。仁讓我叫他的媽媽"媽咪"，這樣就不像"張太太"那麼生疏。媽咪有張圓臉，戴着眼鏡，一頭燙過的黑色短髮梳到左邊。她身着褲裝，上身穿印有花朵圖案的 T 恤。後來我注意到，她頗愛打扮，常常塗着鮮紅的指甲油，只是她很少穿裙子。她老家在廣東順德，在家裏排行第七，有一個哥哥，五個姐姐和兩個妹妹。兩個姐姐（我們叫三姨媽、四姨媽）住在澳門。除她之外，只有最小的妹妹（我們叫九姨）和她的哥哥（也就是仁的舅父）住在香港。要按照他們的排行來稱呼這些長輩，對我來說太難了，因為在法國我們不會作如此區分，比如我媽媽有三個妹妹，我爸爸有一個姐姐，我都一律叫她們"姨姨"，不會區分誰是姨媽，誰是小姨，也不用管她們誰是姑媽，誰是小姑。

我記得和仁的家人的一頓晚餐是晚上七點開始；而七點的香港，夜幕已低垂。法國的夏天，白天很長，到十點天仍亮如白晝，而香港七點天就黑了，對我來說夜晚來得太早。在法國，通常太陽落山氣溫便下降，可是在這裏，到了晚上熱度依然。我還記得那天的晚餐先是一碗棕色的熱湯，好像是蓮藕豬骨湯。湯端上來後，大家把煲湯的食材都撈出來，放在另一個碟子裏分吃。我一般不會在夏天喝熱湯，何況是味道這麼濃郁的湯，但我還是硬着頭皮喝了。那時我不會想到，自己後來竟愛上了港式湯。這是我在香港的第一個晚上，各種和法國的不同讓我有些應接不暇。

過了幾天，仁帶我去一家茶樓和他的舅父舅母一起飲茶。舅父用法語跟我說"謝謝"，"早晨"，"是的"，雖然他只會寥寥這幾個詞，但還是顯得很自豪。他還不斷重複着一句話，聽起來好像是個笑話，一開始我沒聽明白，後來才知道他是在說法語的"你好嗎"，這句話聽起來像粵語的"今晚打老虎"。吃完飯舅父送給我一隻陶瓷公雞，公雞是法國的象徵。對這位有趣又有心的舅父，我很是喜歡。

又過幾天，仁帶帶我去看望他的祖父母，兩老住在新界大埔。香港人稱祖父母為爺爺嫲嫲，不過仁按照家鄉的習慣叫他爺爺"阿公"、奶奶"阿婆"。阿公那年八十二歲，阿婆小他一歲，兩人都出生在上海，但他們的父輩都來自廣東中山。阿公阿婆共有五個孩子，也都出生在上海。仁的爸爸最年長，他 1949 年從上海隻身來到香港，六十年代阿公阿婆帶着長女和么女也到了香港，另外兩個女兒則一直住在上海，但他們的長女，也就是仁的二姑姐已經過世了。

阿婆個子不高，戴一副紅框大眼鏡，梳了朝右分界的齊耳短髮，頭髮已經班白，穿着中式對襟衫。她和我想像中的中國老太太一模一樣。阿公也是一頭班白頭髮，眉毛濃密。他穿着背心短褲，腳踏布鞋。看到孫子學成歸來了，還帶着既開朗又富冒險精神的法國女友，阿公阿婆都笑得很開心。那時因為語言不通，我沒法和仁的家人交流，對此我覺得很遺憾。不過我暗下決心要學粵語，因為畢業後香港就會成為我以後的家了。我聽說有很多西方人，在香港住了很久，卻不會講粵語，這實在是我難以想像的。但後來我慢慢知道為何如此，因為粵語比我想像的難太多。

從大埔回到灣仔，更覺得灣仔擠迫熱鬧。我們的"易發發"大樓的門白天總是敞開，有個看更監察着進出大樓的人。他背後的一台電扇在夏日總是開着，給濕熱膠着的空氣帶來絲微涼意。也許是這台電扇單調的嗡嗡聲讓人昏昏欲睡，這名看更經常都看似睡眼惺忪的。在法國住宅大廈是沒有門衛的，因為人工太貴。仁他家的這座大樓有三部電梯，一部只停奇數層，一部停偶數層，還有一部停所有樓層。

　　仁的家有 800 多平方呎，這在香港算很寬敞了。家裏四間臥室，兩間小的裏面各放一張上下架牀（俗稱碌架牀），兩間大的各有一張雙人牀。因為仁是家中獨子，所以享有一整間大臥室，這是他從法國回來之前他姐姐特為他收拾出來的。

　　家裏廚房很小，僅擺放一個切板，一把中式菜刀，一口鍋和一個煤氣爐。而法國人的廚房通常有微波爐、食物處理機以及各種不同功能的鍋碗瓢盆，一應俱全，只是擁有這麼完善的廚房設施，卻不是每個法國人都深諳烹飪的藝術。家裏的窗戶通常都是開着的，大門外因為還有一扇防盜鐵閘，所以大門白天也開着，這樣可以增加空氣流通，讓室內不那麼悶熱。每間房子的窗戶都裝了鐵窗花，一開始我真覺得如置身監獄一般，但慢慢習慣之後反倒覺得很安心。冷氣機都嵌在窗戶上，雖說它們噪音很大，但如果沒有它們，我無法想像在香港怎麼度過無比炎熱的夏天。法國的家庭通常是不裝空調的，因為天熱的日子極少，夏天大多涼爽。

　　衛生間裏常看見大蟑螂，牠們喜愛潮濕的地方，也喜歡掉在地上的食物碎屑。雖然媽咪常常在牠們出沒之處噴藥，但似乎牠們還是前仆後繼地出現，因為家裏的門窗大多時間都是開着的。不過我倒是不怕這些小傢伙。

公寓外面的灣仔軒尼詩道總是車水馬龍，就算我們住在十三樓，還是能聽見樓下老式電車"叮叮"的鈴聲。家裏的窗戶正對一家加油站，即使到晚上，還是不停有的士來加油。窗戶沒有裝遮光的百葉窗，即使拉上窗簾，還是能感受到外面的萬千霓虹。香港似乎是個不眠之城，儘管樓內每個人很想睡個安穩覺。

每天清晨仁會到軒尼詩道去買一份英文報紙給我，這樣我可以知道新近情況順便練練英語。他還買回來港式包點當早餐，我們就泡仁最喜愛的普洱茶伴着吃。雖然包點也很可口，但我還是很想念牛角包和法式麵包，那時我們住的地方附近還沒有法式麵包賣。

媽咪在一家藥廠工作，每天的任務是包裝各種藥，下班之後她就回家給孩子們準備晚餐。她不讓我進廚房幫忙，說裏面太熱而且我也不會做中菜。晚餐做好之後，媽咪迅速鋪好"桌布"擺好碗筷，而桌布就是幾張舊報紙。在法國，我家開飯前會先鋪上防水桌布，然後擺上各種刀叉杯盤、一籃子麵包、一瓶白開水、鹽和胡椒，當然還有餐巾，程序複雜多了。晚餐過後，仁的姐姐洗碗，並把墊在桌上的舊報紙包好扔走。

飯後我們又坐回餐桌前打麻將，我和媽咪以及仁的兩個妹妹湊成一桌"麻將腳"，仁卻不喜歡打麻將。他小時候總是爸媽要去上廁所時就讓他上桌頂替一會。

五妹用法語給我解釋規則，如果我想要別家剛剛打出的某張牌，就必須喊"碰"，同時亮出手裏與之相同的兩張牌，將這三張牌擺在面前。麻將桌上得眼明手快，但我因為剛學會總是跟不上節奏。媽咪常和親戚朋友打麻將，可能覺得我反應太慢，給我悶壞了，但她什麼也沒說。幸好我們只是玩玩，輸了不用給錢，否則我可能一文不名了。

打完麻將之後，仁會帶我出去散步。我們從家一直走到銅鑼灣。有時我也和仁的妹妹們去附近散步。每次上街她們都牽着我，好像我是小孩一樣。這讓我感動，但也覺得有些不自在。在法國，我不會和女性牽手走路，因為這樣必然招惹非議。但我理解仁的妹妹們帶着哥哥那個什麼都不懂的法國女友覺得責任重大，她們生怕我走丟了。

散步回來之後，媽咪還在看電視，不是 TVB 的"香港小姐"選拔賽，就是翡翠台的《歡樂今宵》。這個節目很受歡迎，是一個叫肥肥的女藝人主持的。電視裏總是歡聲笑語不斷，雖然聽不懂，我也跟着看看。

晚上仁的姐妹們把洗好的衣服晾在門廳天花板的竹竿上。她們怕我累着，這點小事他們也不讓我幫忙。大樓的住戶也可以把衣服晾在公寓外對着天井的公共梯台，這裏牽了晾衣線，不過雖然通風更好，大家還是只會在這裏曬一些不怎麼貴重的衣物。

見識香港

香港人口密集，道路狹窄，但街道頗為乾淨。只是以前會有人隨地吐痰，後來電視裏廣告不斷宣傳隨地吐痰和亂丟垃圾的害處，情況逐漸改善，現在隨地吐痰幾乎絕跡了。

香港人大多衣着隨意，這和酷愛打扮的法國人不同。夏天香港人通常穿着短褲踩着拖鞋，而法國人時刻都很在意自己的衣着，哪怕只是早上去街角買個麵包，也得漂漂亮亮。香港的上班族不論男女大多清一色黑西服。我還發現香港女人衣着較為保守，她們不喜歡露出太多肌膚。街上也能看到"異國"情侶或夫妻，雙方來自不同族群。那時外國男人（香港人稱"鬼佬"）娶了香港女人的不在少數，但"鬼婆"嫁給香港男人的卻寥寥無幾。

我小時候在百科全書裏看過香港那些大樓外的竹棚架，沒想到都八十年代了它們還存在。看到建築工人們在竹棚架上爬上爬下，居然沒有任何保護，我驚呆了。

大街滿是新奇的東西。不過那些閃爍的霓虹招牌我幾乎看不懂，除了個別有英文的招牌，比如香煙、或者相機廣告。這些招牌都伸出店外，遠遠望去像花哨的掛毯。一到晚上，燈火通明，這些閃爍的"掛毯"似乎有了自家的生命，妖冶地裝點着香港熱鬧的夜。

那時的香港，除了賽馬，公開賭博是禁止的。私人麻將館也不敢大張旗鼓的招攬生意。但在駱克道有幾家相當顯眼的麻將館，儘管平時都關着門，我還是能聽到從裏面傳出激烈的"交戰"聲。洗牌摔牌劈哩啪啦，震耳欲聾，加上這些麻將館不分晝夜地營業，我很為周圍要忍受這種噪音的住戶不平，而這些麻將館裏所謂的"學員"，是真的以錢來賭博。

我尤其感興趣的是中藥店。店裏各種稀奇古怪的藥材混雜的氣味，以及各種叫人毛骨悚然的動物器官都讓我大開眼界。大部分藥材仁都認識，比如鹿茸、人參、蟲草、燕窩啦，但也有些他也不知為何物。我常問這問那，他耐心解答，但我不但沒欣賞他的耐性，還不理解他為何不能對我的刨根問底一一給出答案。

有一條叫德輔道西的大街兩旁都是賣山珍海味的舖子，像海參、瑤柱、魷魚、蠔豉、鮑魚、銀耳、紅棗、龍眼乾等，就那麼一盒盒堆在店門口供人挑選，這些東西我在法國還從未見過。還有鹹魚和蛇皮，或是攤

工人在大樓外的竹棚上工作不繫安全帶

曬在店門口的地上，或是掛在電車站的石屎頂上，我在想，大街上車水馬龍，這些東西沾上塵霾多不衛生，但香港人卻似乎並不在意。

我還見到有店子的招牌是一隻蝙蝠叼了一枚硬幣，雖然店門開着，但有屏風遮着也看不見裏面，仁說那是當舖。法國以前也有很多類似的當舖，但現在大家都把貴重物品拿到一些指定的公立機構去典當。

一些酒樓外擺放了巨型的告示花牌，上面寫着將在那裏舉行的婚禮、壽宴等活動信息。這些彩色花牌，面積各有十呎乘十呎吧，遠遠也看得見，要讓我把自己的婚禮信息以這樣的方式告訴別人，我肯定會不願意呢。

比起里昂老城那些十六世紀的建築，香港的房子都很年輕，但很多都破舊不堪。我一直不解這些樓房怎麼傾頹得如此之快，是因為濕熱的空氣還是因為建築材料？

香港的民居通常稱作某某苑或者某某大廈，樓宇名字都頗為吉祥，大多有"富"、"樂"、"豐"字樣。法國的私人屋苑名稱通常和地名或者周圍的植物有關。

還有滿街的眼鏡店、五金店和珠寶店，我在法國不曾見到在同一條街道有那麼多的。傳統中國首飾用24K金打造，色澤艷麗，法國的18K金顯得更柔和和低調。八十年代的香港推崇24K金，造型倒是很時尚別致，比如用黃金打造的十二生肖飾品。黃金首飾通常用作婚慶禮物，有些首飾並不是用來戴的，而是更有收藏意義。我有一個朋友婚禮時就收到黃金小豬項鏈。豬在中國文化中代表好運和富貴，我一直覺得豬代表的是髒亂、差，同一動物形像在不同文化中的差異居然這麼大。

金舖櫥窗內的十二生肖飾品別致有趣

街上還有很多巡警，數量比法國的巡警多，但他們看上去不像法國巡警那麼有威懾力，也不知道是不是因為香港巡警夏天都穿着卡其布短褲制服，給人感覺年青，但他們都別着槍，還是讓人有幾分安全感。珠寶店都有保安把守（那時大部分保安是印度人），令我覺得香港其實可能不怎麼安全。若是真遇到一群進店搶劫的暴力之徒，這些保安相信也起不了太大作用。

　　銀行也有保安把守，門口有一塊屏幕顯示當天股市的漲跌。我發現人們不論階層都爭先擠在銀行門口盯着屏幕看，這在法國是從未見到過的。

∞ 灣仔 ∞

　　灣仔軒尼詩道兩旁店舖林立，但一些店舖，如我們常去的超市，都是在大樓的地下層。超市物品的標籤大多一半英文一半中文，有些則全是中文。我發現人們每次買得不多，所以購物推車也比法國的小很多。在超市我找到在法國就很愛吃的麥維他消化餅乾和仁在法國的中國超市買的罐頭。但在化妝品貨架上，我卻找不到我常用的牌子。這裏有很多日本牌子，但我也都不熟悉，在迷宮似的窄狹通道上，迷茫的我完全不知道該買什麼。

軒尼詩道上常會看到一個乞丐，他頭髮蓬亂，衣衫襤褸，儘管天氣悶熱難耐，他還是用報紙裹着身子。他伸長腿坐在路邊，完全不在意路人。每次從他身邊經過我都得屏住呼吸。他常常坐在集成中心大樓前，吃着路人給他的剩菜剩飯。他和法國的乞丐很不同，後者只想要錢，如果你給他們食物他們還會不高興呢。

在灣仔消防局背後，有一塊空地，聚集了一些流浪客。在堅拿道天橋下（多數人稱作鵝頸橋），有幾個老婦人在用鞋子打紙人。仁說這叫"打小人"，那些紙人便是"小人"，代表和自己有仇的人，然後專門僱人來打紙做的仇人，以此詛咒和泄恨。仁不想我多看"打小人"，他說這本來就是一種不好的民間習俗。

仁的家離灣仔地鐵站步行十分鐘。我 1985 年初來香港時，地鐵港島線才運行了幾個月。香港地鐵系統非常現代化，地鐵站內到處燈光明亮。我想到巴黎的地鐵，古舊破敗，還散發着異味，就算是最新的里昂地鐵站，建成只有十一年，雖然比巴黎的稍好，也不怎麼乾淨。

中環和尖沙咀

中環和尖沙咀也是值得一遊的，遊客比灣仔還多。中環是香港的金融區，也是最繁華的地帶。這裏高樓店舖鱗次櫛比，名店應有盡有，還有一些充滿着殖民色彩的建築。

我一直很想參觀中環紅棉路的茶具文物館，想親眼看看宜興紫砂壺，我讀書那時在藝術史課堂上就聽聞這種大名鼎鼎的茶壺。茶具文物館也稱旗杆屋，是香港現存最古老的殖民時期的建築，很有特色。

每天午飯時間，就會看到中環德輔道上從匯豐銀行大廈和它隔壁的中國銀行大樓湧出西裝革履的上班族。匯豐銀行大樓門口兩旁各立有一樽銅獅，用以擋煞。這對銅獅的安放位置也非常考究，如果將來要移，移動的時辰以及如何移動都須得風水師測算。後來我發現，不但是做大買賣的人講究風水，平民百姓也注重家居風水。匯豐和中銀兩所公司針尖對麥芒，都要建比對方更高的樓。1985 年中銀大廈略高於匯豐，但後來匯豐新樓建成，中銀相形見絀；但到了 1991 年，貝聿銘設計的新中銀大廈，倒成了當時香港最高的建築物。

中環皇后像廣場上立有十九世紀英國銀行家昃臣爵士的銅像和兩座噴泉。一座雕塑造型為一堵矮牆，牆身鑲嵌大小不一的陶瓷彩色方磚，水便從這些方磚上噴出。第二座噴泉是由四塊並列的長方形面板組成，面板上是棕黃基調的彩繪浮雕，應是花草魚鳥之類圖案，水從中噴出。我一直想知道這兩座噴泉出自哪位設計師之手，卻遍尋未果。穿過皇后像廣場東面的街道，便是高等法院大樓，同年因為立法會搬進這棟樓，因此該樓也叫立法會大樓。

每到週日，皇后像廣場附近的愛丁堡廣場、遮打花園，以及大會堂周圍，都會聚集無數菲傭。他們住在僱主家，週日是他們一週唯一的假期，所以他們會到這裏，在地上鋪上報紙或者膠布，坐在上面一起聊天吃飯、唱歌跳舞，甚至會互相剪髮修甲。有些菲傭還會坐在連接遮打路和天星小輪碼頭的行人隧道上。菲律賓男傭很少，他們主要是在香港專職司機。我想起了仁在法國告訴我說，如果我來香港生活，也會需要一個傭人，那時我覺得完全沒有必要，因為我想到在法國僱個全職傭人是很貴的，就算是中產家庭也很難負擔，而菲傭人工不高，香港很多家庭都能承擔僱用一名菲傭，我覺得香港女士真是幸福。

仁問我能否從外表分辨菲律賓女人和中國女人，我說她們看起來都差不多，一頭直直的黑髮，黑眼睛。仁取笑問我是否連他和其他男人都不能分清。亞洲人的年齡對我來說也很難估計，因為他們看起來普遍比實際年齡年輕。香港的老人家大多會染髮（這和法國不同）。也有一些年輕人染着金髮，手臂和小腿紋着青龍，脖子掛着大串金鏈，看着像黑幫古惑仔。後來接觸的亞洲人多了，我慢慢能從他們的面部輪廓分清誰是誰。但我還是聽不出菲律賓的他加洛語和粵語的區別，對法國人來說，這些都是"中文"！

假日中環坐滿外傭

遮打道行人隧道出口處便是開往尖沙咀的天星小輪碼頭，途徑尖沙咀和紅磡的渡輪都從這裏出發。碼頭前有很多報販，還有一間英文書店和一家叫"美心"的連鎖快餐店，但這可不是巴黎那個"美心"餐廳啊。天星碼頭旁就是大會堂，我和仁之後就是在此登記結婚。

愛丁堡廣場上有很多三輪車，車夫看着都有些年紀了，他們爭先恐後地吸引遊客的注意。他們也對着我喊叫希望我能搭車，但我並不覺得自己是遊客，就沒有上車了。廣場上還有賣白蘭花的老人，一串白蘭花賣幾元。的士司機也常在車窗前擺放這樣的花，花香襲人，能掩蓋掉車裏的煙味。愛丁堡廣場上常見遊人排隊等候開往山頂纜車站的出租車（的士），人們可以在纜車站乘坐纜車到太平山頂，這是登頂最快捷的方式。在太平山頂可以俯瞰九龍和港島全景。

仁的一個高中同學有天晚上開車載我們上到山頂，璀璨的夜景攝人心魄，是我不曾見過的。兩年後我姐姐帶我去看世界聞名的洛杉磯夜景，但我覺得已有曾經滄海難為水之感了。

沿着海旁前行便是開往離島的港外線小輪碼頭。再不遠處就是皇后碼頭，常聚集三五成群等待登上私人遊艇出發到海上遊玩的人，他們有去離島品嚐海鮮的，也有去西貢東岸的大浪灣海灘暢泳的。

位於九龍的尖沙咀比中環更熱鬧擁擠，九龍的雙層巴士是紅色和米白相間，而港島的巴士則是藍色。以花崗岩和紅砂石建成的鐘樓是舊九龍火車站遭拆卸後遺下的唯一部分，已成為尖沙咀的地標。那時香港藝術博物館和文化中心還沒建成，也沒有李小龍的雕像和星光大道。仁指給我看鐘樓附近的太空館，一座

中環天星碼頭外的人力車

雞蛋形狀的建築，我倆分隔兩地時，他便一個人在這
裏看法國電影。對正太空館的是位於梳士巴利道的香
港半島酒店，酒店門口停着勞斯萊斯車隊。很多遊客
都在酒店前的噴泉邊上留影。我們也跟着一些遊客進
了酒店，但很快就出來了，因為我們有種時空錯位的
感覺，酒店大堂吊着華麗閃亮的水晶吊燈，令我們猶
如置身於奢華的法國凡爾賽宮。

　　尖沙咀彌敦道上遊人如鯽，有很多印度小商販在兜
售仿冒名牌手錶，也有人問我們想不想量身訂做西服，
還給我們名片，我們當然沒理會，一路走來都這樣被

從渡輪上看的尖沙咀景色

人打擾，真讓人不悅啊！天氣很熱，我們時不時鑽進路邊的商店去吹吹冷氣。但我們也不會在商店待很久，因為室內氣溫實在太低，我也沒有隨身帶件外套。店員通常都去照顧本地顧客，不怎麼理我，仁安慰我說他們不是怕我或是不喜歡我，而是他們不會或者不願說英語。基於以上觀感，我對尖沙咀沒什麼好感。

不過搭渡輪從尖沙咀回到中環挺是件樂事。坐在渡輪木座位上，看着窗外港口邊漸行漸遠的高樓，它們逐漸變小，但進入視野的高樓越來越多，反而顯得越來越密，黑暗中一片燈海。每次有大貨輪從我們渡

輪旁經過，我們的小輪船便被海浪掀得起伏不平，我們也被晃得歪歪斜斜。旅程十分鐘而已，渡輪一個趔趄便入了港口，穿着海軍服的工作人員麻利的把繩子繫在木樁上以固定船身，然後把木橋搭到岸上。跟着人們迅速下船，行色匆匆。

❧ 中文大學 ❧

有天仁帶我去香港中文大學，1978 年到 1982 年間他曾在此讀書。我們搭乘連接港島和九龍的巴士，在巴士穿過海底隧道之後的第一個站下車，然後步行到紅磡火車站。火車站背後便是著名的紅磡體育館，經常有演唱會在這裏舉行。從外面看去，紅磡體育館像一個巨大的矩形托盤。

大學期間，仁每週一次搭火車從中文大學到紅磡，再從紅磡坐巴士回港島的家。那時每小時只有一班列車，從中大到紅磡不遠的距離也要一小時。但沒過幾年，香港鐵路迅速實現電氣化，並使用雙線鐵軌，從紅磡到大學站只需三十分鐘。中文大學位於新界沙田和大埔之間的山上，面朝吐露港和新界的鄉郊，風景絕佳。這裏真是讀書求學的好地方，不像灣仔處於塵囂之中，明裏暗裏，不知有多少滋擾人心的雜念。我們去中大那天很熱，我們坐校巴到了山上的聯合書院，我突然想起在巴黎時兩個在中大唸書的香港朋友講起中大曾經鬧鬼，還說有些學生在教室撞見鬼！

仁很感念他的母校，也為在中大讀書而倍感自豪。那天，我們和一個法國耶穌會教士同時也是中大的一位研究中國文化的學者吃午飯，仁回憶起他剛到法國的經歷，儘管他出國之前已經在香港學了兩年法語，初來乍到，還是聽不明白人們在講什麼。不過，仁對新生活適應得很快。我思量着自己是否也能很快適應香港的生活。

別離

1985 年 9 月 2 日，我又在啟德機場了。一個月的香港之旅結束，我要回巴黎完成最後一年的學業，想到又要和仁異地分隔，而且這次要分別十個月那麼久，我就很難過。臨行前，媽咪送了我一對金耳環，色澤和我在軒尼詩道的珠寶店見到的一模一樣。雖然顏色對我來說過於艷麗，我還是戴着它們，好讓我念記香港的日子和媽咪。

一個月的生活讓我大概了解了香港，這裏的確擁擠不堪悶熱難耐，這一點仁早就說過了，但我並不覺得這些對我有何困難。我覺得自己還是會回到香港，當時我沒考慮過來香港是否能找到工作，只知道數月後我和仁又可相聚一起，等那時候再和仁一起商量吧。

分別的日子裏，我每週會給仁寫一封信，那時沒有電郵，我的信大多用航空郵束寄給他，仁也會給我寫信，還會在信封裏放上可愛的書籤。每週末我照舊在市集賣牛雜。

聖誕節我回里昂的父母家，仁給我打電話。住在學生宿舍打電話很不方便，因為同樓層住了三十個學生，卻只有一台電話，要不經常被人佔着，要不聽到鈴響，也沒人去接，因為大家都覺得反正不是打給自己的；再加上法國和香港的時差，我們很難通話。那天在電話裏聽到他的聲音，激動得哭了，但想到還有六個月才能見到他，又覺得很難過。

畢業考試一結束，我便去向父母道別。他們知道我要去香港和仁在一起，卻不知道我什麼時候回來，

在牛雜攤位兼職攢錢到香港

其實連我也不知道。我父母從沒反對我交中國男朋友，只是我想到我姐姐兩年前去了美國，我弟弟兩週前去了遠在南半球的法屬新喀里多尼亞服兵役，而我馬上也要離開，父母難免太多牽掛。也許是我們家族就有不安分的基因，想要走得很遠看更大的世界，只是那時我們並未意識到。二十年後，也就是我父親六十八歲那年，他開始建立家譜，發現他的祖父，一個意大利人，曾經在阿爾及利亞和保加利亞生活過。他十九世紀末從意大利西北部的皮埃蒙特遠行到北非再到南歐，應該比我從巴黎到香港需要更大的勇氣吧。

別離總是難過，但我知道我的父母尊重我的選擇，也為我找到彼此相愛的人而高興。我告訴他們我會經常給他們寫信和打電話。那時他們一定想不到，連我自己也沒料到，兩個月之後我居然在香港結婚了。

給仁的航空郵束——回港的航機貼着九龍城密密麻麻的樓宇飛過

回到香港

1986 年 6 月 25 日我又到了巴黎戴高樂機場，這一次，還是途經曼谷到香港。如今我還記得頭兩次坐飛機到香港，飛機如何貼着九龍城密密麻麻的樓宇飛過和我走出機場時的興奮，以及濕熱空氣中海洋的氣味。現在啟德機場已經不復存在，新建的赤臘角機場在遠離市區的大嶼山，便再也沒有在降落啟德機場時那種刺激的感覺。不過如今九龍城的居民們不必忍受飛機掠過頭頂的轟鳴聲，終於可以安睡了。

經過十個月的分別，我和仁終於又見面。未來是未知之數，但我並不擔心。我愛仁，對我來說他就是一切。仁在法國待了三年，我想我應該至少可以在香港住三年吧，之後我們可再商量要一起去哪裏生活。

仁從法國回香港之後，在香港城市理工學院（也就是後來的香港城市大學）工作。我們決定先在媽咪家裏住幾個月，到我熟悉香港之後我們再自己出去找房子。媽咪並不反對我們之後搬出去住，這一點也許和很多中國媽媽不一樣。我的媽媽倒是一直很擔心我和未來的婆婆同住會有磨擦，就算在法國婆媳關係不像在中國這麼敏感，要妥善處理好也不是一件易事，況且對我來說還有文化差異和溝通障礙。

仁的朋友大多和父母住在一塊，雖然他們都已工作。這種情況和那時的法國很不一樣，當時法國年輕人都想盡快脫離父母的管束搬到屬於自己的小窩，但現在很多年輕人為了省錢，都盡可能地和父母住在一起。不過在香港還有一個重要原因是房租對於很多年輕人來說近乎天價，所以他們只能和父母住在一起，除非結婚生子。

媽咪租的房子不算貴，而且面積不小，但這套公寓在一棟老舊嘈雜的樓裏。仁總擔心我每天進進出出這棟老宅會遇到危險，所以盡量不讓我一個人坐電梯。他常說灣仔"好雜"，也就是廣東俚語的"龍蛇混雜"。

我第一次見到香港的公屋是仁阿公阿婆位於大元邨的家，這是大埔區的第一幢公共屋邨。我的第一個印象是樓外橫七豎八搭着竹竿，曬滿了各家的衣服，這些花花綠綠的衣服，也算給這片暗淡的屋邨增添了一些色彩。屋邨建於 1980 年，算不上舊，但一條走廊上住了四十多戶人家，自然混亂不潔。這讓我想起在法國讀書時住的南泰爾大學學生宿舍，讀書時住這樣的地方沒問題，但要我一輩子如此生活我還是會受不了的。阿公阿婆住的公寓樓叫泰德樓，屋內裝潢很簡單。客廳的右側是兩間臥室，其實是一間房子用隔板分成了兩間。屋裏沒有浴室，只有在臥室和廚房之間的廁所裏，有一根水管和花灑。廚房就在走廊上，而且和媽咪家一樣，只有一些最基本的廚具。法國的公屋環境也和香港一樣不佳，在法國很多人形容公屋為"鼠窩"，意思是它們都狹小閉塞。不過法國人口不如香港密集，對公屋的需求自然不如香港那麼大。

對我們來說比較合適的公寓是類似"沙田第一城"的新落成私人屋苑，仁的一個朋友也在這裏租房，我們於 1985 年去過他家。早在八十年代，"沙田第一城"已經有三十多棟高樓，住了兩萬多人。從高空看去，一棟棟高樓如水泥竹林。我想我倆在這裏租一間四百多平方呎的公寓就夠了，而且這裏交通便利，購物方便。但說實話我更喜歡港島，那裏比沙田這樣的新區更有特色，而且我已經習慣了灣仔的氣氛，也想和媽咪多多交流，找房子只為以後作打算。

不過無論如何我都得先找到工作，解決居留證問題。我入境香港只獲得三個月的居留許可，我的居留證到 1986 年 9 月 26 日就到期了。有朋友建議我先去澳門，然後再從澳門入香港，這樣又可以獲得三個月的香港居留。這種辦法很常見，但我也聽說這麼嘗試幾次可以，多了就會引起移民局懷疑。還有一個辦法就是獲得一張香港身份證，而要有香港身份證，我就得有一個本地的擔保人，比如僱主或者丈夫。但我那時還沒想到要結婚，所以我便開始找工作。

求職不利

　　我先去"藝穗會"，這是一家位於中環的藝術機構，每年會舉辦很多藝術、工藝品展覽，還開設了給成人和小孩的陶藝課程，我便去問他們是否需要老師。不過一般人所見到的那種坐在陶輪車邊塑陶的技能我沒有，我學的是陶瓷設計和石器類飾品製作，但是我可以教其他與陶瓷相關的技能或者雕塑。但很遺憾藝穗會沒有空缺職位。我又試着找一些和瓷器藝術相關的工作，但也沒有結果。

　　那我還能做什麼呢？聽說很多香港人學法語，或許我可以去教法語？朋友說法國文化協會在招聘法語老師，而且不需要相關學位和教學經驗。仁陪着我去見了負責人，他說我可以每週上幾個小時的課。但這不足以向移民局證明我有足夠的收入，而且這份工作不會為我提供工作簽證，我還是只有拿旅遊簽證。而且很好笑的是法國文化協會似乎對仁更感興趣，他有香港身份證，又說一口流利的法語。我們離開時，這位負責人建議我乾脆和仁結婚算了。他的建議讓我吃了一驚，但細想也不無道理。那天回家後，我便開始和仁商量着結婚的事，反正我們早晚會結婚的，不如現在就結。不過我想說的是，這並不是權宜之計，因為我們深愛對方，而且我知道我和他在一起會幸福。所以，我們便決定了，結婚。

香港的居留簽證只為期三個月

結為連理

去了法國文化協會的幾天之後，仁和我便到金鐘道的婚姻登記處預約註冊日期。登記處職員問我是否已經結婚，我不知她什麼意思就回答"是"，她很困惑地看着我，然後用中文問仁我是否已經結婚，仁馬上告訴她說沒有，我也馬上用英語回答說我沒有結婚。於是她問我們打算哪天結婚，當仁說"越快越好"時，她更覺得奇怪。中國人結婚都講究挑個良辰吉日，但我們並沒有去看哪天是好日子，而是在一分鐘之內就決定好了。我們定在 7 月 21 日註冊結婚，紅棉路婚姻登記處早就被人訂滿了，因為紅色的建築，很適合拍婚照。因此我們選在中環的大會堂註冊。其實我們對於在哪處結婚並不在意，總之，我不用為居留證的事煩惱了。

我們告訴了媽咪我們準備結婚。她很高興，隨即和我們討論要辦一場傳統中式婚禮，廣邀親朋好友參加喜宴，盛筵前還有打麻將，與一對新人拍照留念等娛賓節目。但是我們沒有時間籌備這麼多程序，而且辦個大型婚禮太費時費錢。媽咪很難過，一個人躺在牀上哭。我去她牀邊陪她，她握着我的手輕輕拍着。仁的姐姐解釋說媽咪是因為不能說服唯一的兒子舉辦一個傳統的婚禮而難過。但是我們還是堅持自己的看法，認為結婚並不是一場婚禮上的皆大歡喜，所以婚禮從簡就行。雖然媽咪感到很失望，最終還是同意了我們的看法。

我還得通知我的父母。因為仁家裏沒法打長途電話，我們得去到中環新落成的交易廣場內的電訊公司打電話。到了那裏，我們得先排隊交錢，然後等着看哪個電話亭空了便進去打。排隊等候的大多是菲律賓人，他們都是趁着每週一天的假日給家裏打電話。那時長途很貴，一分鐘要十港元，如今十港元可以打很久，現在甚至有免費網絡電話。電話接通，我媽媽接的，我告訴她要結婚的消息，她說她理解我為了留在香港得想法解決居留問題，這樣才好找工作。但因為婚期將近，我的父母來不及準備行程，所以他們沒法來香港參加我的婚禮。不過我當時覺得沒什麼遺憾，因為我們只是在婚姻登記處舉行一個小型儀式，之後如果有機會我們回法國再辦一個婚禮。但很可惜這個想法最後也沒有實現。

我當時不知道父母對於我遠嫁香港作何感想。別說香港，他們連亞洲都沒來過。他們對香港的了解是價格低廉的產品、李小龍的武打、世界上最大的法國干邑消費區，以及毒品交易地。也許他們很擔心我的未來，很掛念我多久會回去看他們，也一定很遺憾不能來參加我的婚禮，這是他們三個子女中的第一場婚禮，但他們一定也為我高興，因為他們沒有說一句反對的話。

或許我的家人骨子裏便有包容多元文化的基因。我爸爸的意大利裔祖父在十九世紀在阿爾及利亞修建鐵路那時，和一位西班牙、法國混血女子結婚。二人育有八個子女，最年輕的是我爺爺，1888 年出生。八個孩子有四個生在阿爾及利亞，三個在意大利，一個在保加利亞。

父母當年贊成我去巴黎學應用藝術，和我同住在南特爾大學宿舍的女生大多選讀法律或者醫學，不是她們自願的，而是父母覺得她們可從學這些專業的男生中容易找到"理想丈夫"。我學藝術，卻沒有遇到"志同道合"之人，命運讓我進入了仁的人生，不過他卻沒有什麼藝術細胞，他非常理性實際。那時除了知道他畢業不會留在法國，我不知道他的未來會怎樣。也許我到香港和他一起這個決定有些天真，但我內心卻對他充滿信任。沒有機會從事與藝術相關的職業，但我可以和愛的人在一起，未來的生活雖然充滿未知，但一定也充滿驚喜。

結婚的喜帖是在我們住的"易發發大樓"旁的克街訂購。喜帖淡粉紅色，印着一對親吻的小孩。媽咪負責邀請她的親戚，仁則邀請他的同事。但我們拿到喜帖時發現上面有個打印錯誤，但我倆名字沒印錯，所以我們沒修改便直接把喜帖寄送出去了。喜帖是英文的，反正我父母都不會英文，所以他們應該也不會發現那個打印錯誤，但我姐姐發現了。我姐姐當時住在洛杉磯，1984 年 5 月她去美國之前，在巴黎見過仁，收到我們的喜帖，她嚇了一跳，她說沒想到我們這麼快結婚了。我弟弟當時在服兵役，1985 年 7 月仁看望我父母時，見過我弟弟。弟弟後來也說，收到喜帖，他高興得叫上他軍營裏的朋友，喝得一醉方休。

仁打電話告訴阿公阿婆，他們非常開心，讓我們去他們在大埔的家。但因年事已高，他們很難從新界到港島去參加我們的註冊儀式。阿公說着突然從一個信封裏拿出兩隻 24K 的金手鐲，這是仁出生時阿公專門為他訂製的，一直放在保險箱裏，等到仁結婚這天送給他的媳婦。原來這兩隻手鐲從 1959 年就開始等我，而它們命定的"主人"那時還沒出生呢。不知阿公有沒有

我和仁結婚時阿公給我的金手鐲
在 1959 年就開始在等我

料到，這兩隻手鐲最後到了一個"鬼妹"手裏。

　　至於婚紗禮服之類的，仁自己是不打算專門買了。他姐姐借了她的黑色旗袍（長衫）給我，在法國黑色可是喪事的顏色啊。不過仁的姐姐的這件在領口和腳叉部分有金色拼紅色的花紋，我又買了一雙紅鞋以添喜氣。戒指是媽咪送的，按照傳統，這是一對 24K 金戒指，內側刻有我倆的名字和婚禮的日子。她還送我一個繡着中式花朵圖案、黑色天鵝絨鑲邊的手袋。

　　一切準備妥當之後，我們一起去了荃灣給仁的父親掃墓。

我與仁在大會堂註冊結婚的大喜日子

～ 大喜日子 ～

　　註冊儀式當天，我穿着仁的姐姐的旗袍，戴着媽咪去年送我的金耳環和阿公阿婆送的手鐲。我化了點淡妝，手上套着媽咪送的晚宴手袋，捧着市場買來的鮮花束。仁穿着米色西褲，口袋中是我們的婚戒，上身是條紋襯衫，打了領帶，看上去那麼莊重。我們又興奮又緊張地等着仁的一位朋友開車接我們去註冊地點。

　　那天下雨，交通又擁堵，我們得在下午四點半趕到大會堂的婚姻登記處。到達的時候我們遲到了十五分鐘，而且已經是最後一對註冊登記的夫妻。我在巴黎認識的一位香港女士和她的丈夫迎接我們，還為我們準備了一個白色蕾絲小墊子用來放戒指。他們真的太周到了，這樣的細節都為我們想到。我們在四十多人的注視下走到登記處，我想那時大部分來賓應該都很好奇這個"鬼妹"到底長什麼樣。

　　媽咪和仁的大姐分別是仁和我的證婚人。媽咪身着淡綠色百褶裙，上身是襯衫，這是我第一次見她穿裙子。註冊儀式結束後我們在大會堂紀念花園留影。這裏的背景牆是黑色大理石，為我們準備戒指托墊的那對夫婦是在紅棉路的茶具文物館拍的結婚紀念照，那棟建築較有特色；相比之下，大會堂紀念花園就沒那麼搶眼了。攝影師是仁的高中同學，拍照結束後大家一起到大會堂的咖啡廳喝咖啡。之後我們和媽咪、仁的三個姐妹（另外兩個姐妹一個在法國讀書，一個在中國旅行）以及仁的三個同學在灣仔一家餐館吃飯，這裏的"香妃雞"遠近馳名，簡單的花雕酒煮白切雞因着這麼撩人的名字令人印象難忘。

現在回想起來，這麼一場簡單的婚禮也還是教人緊張。我一直很感謝仁沒有舉行傳統的港式婚禮，要招待那麼多人我會更加吃不消。我小心翼翼地收藏着阿公阿婆送的手鐲，它們在等着下一個主人。婚禮結束後我才有時間好好看看我的金婚戒，戴在手上顯得有些太閃耀，但作為我們愛情的象徵，我們還是戴了很多年，直到仁的手指長粗戴不下了，我們兩人便都不戴了。

我父母都覺得我們應該在回法國探親時再註冊一次。我媽媽那時是我們家鄉的代理市長，她便可以主持我們的註冊儀式。但是婚禮幾個月後，我後來工作的法國國際學校的同事建議我不必等到回法國，現在就可以去法國駐香港領事館登記，他們是出於安全的考慮，我卻很後悔這麼做了，因為在法領館登記的幾週後，我家鄉的市長接到我已經在法領館註冊的消息，我想我父母也許很遺憾吧，讓我媽媽來主持我的登記儀式，一定非常感人。

生活在香港

婚後的半年，我們住在媽咪家裏。她每天都親自做晚飯，而且從不要我做家務。雖然我們語言不通，但相處得很愉快。每週她都會買一束新鮮的菊花放在我們臥室，一開始我覺得很奇怪，因為在法國菊花通常和墓地聯繫在一起，不過後來我還是慢慢喜歡上它們。

～ 街市（濕貨市場）～

香港的主婦們喜歡逛街市，也就是雞鴨魚肉和蔬果市場。在我們家附近就有一間，但媽咪不讓我去，她說那裏太擠太熱，地上濕滑，路邊停滿貨車。況且，我還不知道怎麼買菜。不過我自己倒是悄悄去過幾次。

路線很簡單，從"易發發"公寓向左，朝金鐘走兩個街口，在莊士敦道和灣仔道交匯處，穿過左手邊的行人道便是。這裏所有都和法國不同，無論是貨品還是它們陳列的方式，或者市場的佈局和色彩，都讓我覺得新奇。香港人常用的計量單位是"斤",還有一些水果是以磅為單位出售。蔬菜大多不貴,但蘋果、橙子和梨卻比法國貴很多,而且還是按個賣。小販們飛快的稱量蔬果,他們用的秤就是一個托盤一個杆子,簡直讓我大開眼界,我幾乎來不及看秤杆到達一個平衡點,他們就已經秤好了。

街市每天都營業,除了大年初一。在法國,這樣的市集一週也就有兩天,而且只在早上有。我看到商販們不停的給待售的食物噴水以保持新鮮,或許這就是它們為何被稱作濕貨市場的原因吧。也有人說浸水是為了讓貨品重一些。媽咪說的沒錯,市場的地上都是濕漉漉的,鮮魚區的地更滑。攤檔上都有紅色燈罩罩着的電燈泡,這樣可以令食物的色澤看起來更新鮮吸引。雖然名曰濕貨市場,裏面還是有賣服裝、玩具、各種首飾以及雜七雜八的東西。

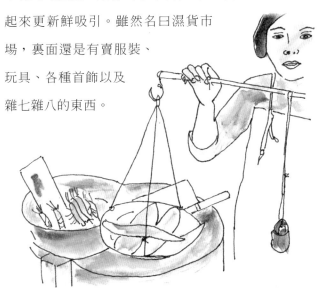

街市內的小販以秤稱量貨品,令我大開眼界

這裏有些綠葉蔬菜和瓜類我從未見過，紅蘿蔔特別大，還有青蘿蔔。另一些攤位賣乾貨，比如乾紅棗、乾無花果、銀耳、杏乾、龍眼乾等。也有賣新鮮豆腐的攤位，我曾經在巴黎的超市見到的豆腐，以為是乳酪，在這裏又看到了！除了豆芽外，這豆腐攤檔還有一些在我看來很奇怪的東西，比如滿是皺紋的球狀東西，後來知道那是油豆腐；還有黃黃的像紙張一樣的東西，之後也知道那是腐竹。

肉舖也同樣充滿驚奇。切好的大塊肉都掛在金屬鈎子上，這裏既沒有冰箱也沒有冰塊，奇怪的是，天氣那麼熱，居然沒有蒼蠅。屠夫們空閒時喜歡抽煙，或者把煙夾在耳廓。掛着的肉都沒有價錢標籤，這對我來說就很困難了。在法國，待售的東西總會有價錢標籤，上面還會標有每千克的價錢，而且肉類都會放在冷凍的貨架上。那裏對衛生條件有嚴格要求，屠夫也需要有專門的資格證書。在香港，顧客只需要說買來的肉是煲湯還是炒或是炆，或者說要幾斤，或者說要多少錢的，店家就會麻利的取出一塊，砍卜幾刀，然後裝進塑膠袋。

讓我覺得稀奇的還有貨品的擺放方式，比如雞蛋竟然可以擺成金字塔形，或許是因為空間逼仄，店家們自然惜地如金，不願意浪費一寸空地。除此之外，五金店和藥坊也值得一逛。店裏店外、架上架下，貨

街市內的肉舖

品堆得無處不在，有些已經堆到天花板上了，這讓我想到了從前在維埃納看過的一所五金店，店內也是到處掛滿了貨品，不留一點空間，這應該是由於香港的房屋空間太少的緣故，也只有這樣的擺放能夠節省空間。

後來我在旺角亞皆老街找到一個攤位，買些別處不常見的蔬菜，每次到附近，我都會來這裏選點"新奇"的菜品，比如老鼠瓜、新鮮榨菜、蕨菜、蓮蓬、仁稔等。有時我直接向店老闆討教烹飪方式，有時則求助於本地的朋友，然後把學來的菜譜和自己的嘗試發表在我的博客裏。

∽ 銅鑼灣 ∽

住在媽咪家的這半年，我常去銅鑼灣，這裏匯集各種時尚品牌。我的小姑們最喜歡逛銅鑼灣，所以我也就在週六下午和她們一起逛。我發現香港人最喜歡的休閒方式就是逛街（廣東話叫行街買嘢）。這裏有四家日本百貨：三越、崇光、大丸和松阪屋，裏面都有很好的麵包店。回想在港島住的那些年，每當想念法國麵包，我就去這其中一家買。

香港是不折不扣的購物天堂，從價格低廉的商品到奢侈品應有盡有。而逛街也是香港人生活中不可或缺的部分：不想宅在家裏可以逛街，約會可以去逛街，只為了吹吹冷氣也可以去逛街，我還聽說一些人以逛街來緩解壓力，這樣的方式越來越常見。不過大部分時候逛街還是要買東西的。

　　銅鑼灣也有很好的健身地方、電影院和咖啡館。住在港島的時候，我們常去維多利亞公園跑步和打網球，清晨的公園裏有很多打太極拳的人。九十年代，太極開始在法國流行，而我生活在香港卻還沒有學會太極，這讓我的一些正在"修煉"太極之道的法國朋友吃驚不已。我是直到 2004 年才報名參加了太極班，一開始是我自己去上課，後來仁也加入了。課程以中文教授，雖然我聽不太明白，但太極招式以及那些讓人忍俊不禁的名字，比如"海底針"、"左右野馬分鬃"，我都記住了。

　　那時我們還常在銅鑼灣的"碧麗宮"或者"利舞台"看電影。這兩家影院都只有一塊銀幕，所以每個時段只能放映一部電影，而且只在每天固定的時間放映。放映廳分了吸煙區和無煙區，還有一個大樓座。電影散場時，地上都是食品包裝紙，到了春節時你要是走在這裏還以為是鋪了層紅地毯，因為滿地都是紅瓜子殼。影院外面有小商販賣港式小吃。咖喱魚蛋對我來說還好，但臭豆腐我實在受不了，這比一塊經年的卡芒貝爾芝士還臭。香港人說，臭豆腐就像榴蓮，有人喜歡有人恨，也說不定突然哪一天你就愛吃它了。我只是很多年以後在上海的一家餐館嚐過一口，依然無緣愛它。我看的第一部粵語片是周潤發和張國榮演的《英雄本色》，他倆都非常出色和有魅力。

週日下午我們通常去加寧街，這裏有我最愛的咖啡館，咖啡館入口處掛着一個招牌，上面印有一個老式咖啡壺。那時候大部分酒店和咖啡館都只賣速溶咖啡，而這裏卻有即磨的咖啡豆。雖然味道不如法國的Espresso 濃郁，卻也香滑可口。我們常在這裏一邊喝咖啡一邊和朋友聊天，如回到法國一樣。

入夜的銅鑼灣依然人潮湧動，十點之後還可見三越百貨門口人們排着長隊等候巴士。大丸百貨門口常有小商販賣廉價衣服、電子產品和小吃。我記得有個商販賣現做的雞蛋仔，生意特別好，還有一個小販賣炒板栗。跟法國不同的是，這裏炒之前不會把板栗剪一個口，所以當你一口咬開板栗殼，會被裏面的熱氣燙傷嘴唇，這是我的親身經歷！還有一個男人每晚都在同一個地方賣中國畫，他旁邊又有一個人賣嬰兒畫像，有些還是金髮碧眼的外國寶寶。顧客都是準媽媽或準奶奶，或許都希望自己的寶寶可以和畫中的小孩一樣可愛吧，我不禁會心一笑。

﹏ 初遇颱風 ﹏

1986 年夏天，我第一次經歷颱風。當時新聞報導說颱風即將到港，我很害怕。天文台已掛一號風球，風力不大，但暴雨來臨之前的悶熱讓人難耐。仁說別看現在無風無雨，過會兒我們可能得去地下室"避難"。我嚇得不斷問他關於颱風的危險，他一直安慰我說只要稍加注意不會有什麼危險，最好不要到戶外，因為可能被吹落的招牌或樹枝砸中。香港到處都有樹，尤其是那種氣根盤繞的大榕樹，我在灣仔金鐘道和中環的荷李活道常看見從高牆內伸出的氣根。

為防止玻璃門窗被颱風颳碎，我們在玻璃上貼上交叉的膠帶。我們還得去買齊接下來幾天的食物，萬一颱風肆掠，商店關門那就不好過了。到了傍晚八號風球預警到來，我們都待在家看電視。家裏很安全，唯一能夠提醒我外面有颱風的便是狂風時而呼嘯，暴雨打擊窗戶。半夜我幾次被狂風呼嘯吵醒但很快又入睡。第二天早晨媽咪打開電視看風球是否已經降到 3 號，這樣她便可以去上班了。

﹏ 初入職場 ﹏

1986 年 8 月我拿到了香港身份證。這時我不那麼急於找工作了，我想如果沒工作我還可以繼續讀書。於是我向香港大學諮詢他們是否招收藝術碩士生，但答案是我在法國拿到的學位並不等同於香港的本科學歷，所以我不能申請碩士。沒想到求學碰壁，因此我只能又去找工作。我考慮可以去法國學校試試，他們或許需要教藝術的老師。仁的大姐的朋友在法國國際學校工作過，她建議我去打聽打聽情況。這所學校位於港島大坑的渣甸山上，建築非常時髦。我搭 11 號雙層巴士過去，特意坐在上層，以便欣賞沿途的山景。一路還經過了一片別墅區，每棟房子前都有涼廊，但高大的金屬大門也擋住了窺探者的眼光，屋苑門外都停着大房車。這裏又是另一個香港，與我所見到的塵囂市井大不同。

下車後向左走，學校就在裴樂士道的盡頭，從這裏可以觀望整個九龍半島的景色。面試還算成功，我拿到的職位是在午餐和課堂之間監管學生。這其實不是我真正想做的工作，而且這只是半職，但我還是接受了，我想先當學監，今後說不定可以獲得在這裏教藝術課的機會。仁很支持我來這裏工作，他覺得我可多認識些法國人擴大我的圈子，至於工作具體做什麼則不重要。

搭巴士上班的經歷

開始工作的第一個月媽咪每天都送我到軒尼詩道

的巴士站，巴士站離英國文化中心很近，我每兩週在文化中心參加一次夜間英文培訓課。我很後悔在法國沒多練練英文會話，不過法國和香港不一樣，那裏沒什麼英語電視，練聽力和會話的機會很少。媽咪送我上車之前總會確保我的零錢夠買車票，我上車之後，她便搭另一輛車去位於香港仔的工廠上班。我每次上車都把零錢投到司機身旁的小盒子，這裏不設找零，也沒有車票給我，這是香港巴士的特點。最困難的是車上沒有報站提醒，這對我來說很難，有時我會問司機或者乘客我要去的地方到了沒有，但他們有時也不回答我，我想或許是他們不會講英文，或者聽不懂我講的廣東話。

乘搭出租車（的士）

我上午在法國國際學校教書，下午找到另一份工作，在僑福道的德瑞國際學校教陶瓷製作興趣班。從法國國際學校到德瑞國際學校沒有直通巴士，為了趕時間我只好乘搭的士。本來在市區乘搭的士很容易，除了雨天或者司機換班時，但在法國國際學校所在的這片豪宅區卻很難找到的士。我要不走十分鐘到畢拿山道去碰運氣，要不請學校保安幫我叫一輛，雖然叫車要多交五塊，但至少我不會遲到。車費倒是不貴，雖然具體多少錢我不記得了，但感覺比在法國便宜。

每次上車，我都要用粵語說好幾遍目的地司機才明白。仁總是鼓勵我說，人家聽不懂我就多講幾遍，直到對方聽懂為止，這樣我的粵語才會進步。我偶爾也會遇到會說幾句英文的司機。每次我都擔心司機因為沒聽懂我說什麼把我載到錯誤的地方，所以一路提心吊膽。

搭乘電梯

上完課回家，仁總是叮嚀我搭電梯要小心，我有時也會用大樓保安那裏的免費電話給家裏打，看有誰在家可以下來接我一下，或者借用外面便利商店的電話。如果家裏沒人，我就得自己坐電梯。我通常會把三部電梯的按鈕都按了，這樣如果我不想和誰同坐一個電梯，我可以假裝自己等的是另一部電梯。有時我乾脆在附近集成中心的麥當勞點杯咖啡，等仁回來一起回家。麥當勞的咖啡不好喝，但是喝完了還可以坐在那裏看書。在法國的咖啡館，如果你點一杯咖啡，只可坐上一兩個小時，之後店員就可能會不高興，除非你繼續點餐；但在香港的麥當勞，我就算坐很長時間也不會引起店員不滿。

我眼裏的不同之處

　　香港和法國當然會有差異，既有文化上的差異也有非文化的。有些對我影響頗深，比如香港的冷氣過盛，讓人難以適應；又比如香港人總是行色匆匆，進了電梯急不及待按住關門鍵，也讓我不理解。但有些差異卻未讓我感到不妥，比如香港人喜歡撐遮陽傘，崇尚白皮膚。除開這些，法國人和香港人在飲食和家庭觀念上其實頗有相似之處。

　　香港人稱呼彼此的方式讓我頗為吃驚，比如仁的高中同學叫他"肥仔"，因為他中學那時很胖，在法國這是不禮貌的。他最近獲得的暱稱是"巴黎仔"，在家裏他的姐姐們叫他"小弟"，妹妹們喚他"大哥"，他同事叫他的英文名"Stephen"，但是只有同事叫他的英文名；所以當我剛聽到他的同事們講 Stephen 時，我不知道他們說的是他。

　　而我也是很長時間才習慣仁叫我"老婆"，因為學中文時我知道"老"是指年紀大，而"婆"也用來稱呼上了年紀的女人，所以在我聽來我就是他的老太婆，而他就是我的「老公」！還需要習慣的是被本地人稱作「鬼佬」，這個詞一開始是用來形容白人，後來香港人稱所有外國人為鬼佬，我倒不覺得人家叫我鬼佬是羞辱。

香港人見面自然也不會像法國人那樣親吻臉頰，在里昂，人們見面會親吻兩次臉頰，巴黎則是四次。香港人見到外國人通常就說「Hello」，但因為口音問題，他們說的是「哈囉」，分別時他們也說「bye-bye」，帶着港式口音，將音調拉長。

我還觀察到，有些詞彙並不按字面意義來理解，比如仁的朋友跟我說「我們去『飲茶』吧」，結果我等了十天也沒有他們要飲茶的消息，我才知道這裏的「飲茶」只是說「我們之後再通電話吧」，或者「我們保持聯繫吧」的意思。還有一次人家問我「吃午飯了嗎」，我一看錶都三點多了，便不知如何回答，之後才知道「吃了嗎」只不過是一句隨意的問候，就像法國人見面聊聊天氣一樣，不必當真。

香港的冷氣開得很足，就連在冬天，商店和辦公室也會開着冷氣。我問為什麼要這樣，別人說是為了通風，保持空氣乾淨，這樣才不會有病菌滋生。既然是為了健康，那我在空調屋子裏就披件外套吧。香港的生活節奏很快，人們效率也高。乘電梯時都等不到電梯門自然關閉，他們一定會急着按關門鍵，法國人是從來不會去按關門鍵的。香港人上船下船上車下車也總是匆匆忙忙。餐廳裏服務員清理桌子的速度快得驚人，而大小商店也從不停業休息，這在法國是無法想像的。

在法國，老闆必須保證員工一週至少兩天的休息日，在一些小城市的商店，週日、週一和午餐時間都關門。香港人總跟我說法國如何浪漫，人們的生活質量遠比香港高，受薪階層的假期也較香港多。

不過香港人並非一直汲汲營營，不懂生活，八十年代香港的髮廊就有了頭部按摩服務！在當時的法國，你在髮廊洗了頭想用護髮素都得加錢。第一次去香港髮廊，我很吃驚顧客居然可以斜靠在躺椅上，讓專人來洗頭。在法國的髮廊最多就是坐着洗頭。洗完之後店員還會幫你做頭髮護理和頭部按摩。我一開始還不知道這是正常流程還是專門為我做的。我們住的灣仔就有很多髮廊，而且在香港享受按摩是再平常不過的了。

香港人熱衷名牌，法國牌子通常很受歡迎，有些仿冒產品也很走紅。香港人常問我這個包那個包在法國賣多少錢，他們一定認為我是法國人，自然對法國時尚名牌很熟悉，但我從不在這方面花錢。

讓我吃驚的是香港人很是羨慕白種人的白皮膚和

高鼻子。這裏有各式各樣的美白產品，而法國人崇尚的卻是健康的古銅色肌膚，這樣才能顯示你去滑過雪或者在地中海的沙灘上度了假。而香港人則認為皮膚黝黑會被誤以為來自中國大陸，顯得土氣。香港女人除了要塗美白產品和防曬霜，遇到晴天還會打傘。我想是不是因為很少接觸紫外線，所以香港女人看着都比實際年齡小呢？那時法國人還對紫外線傷皮膚不甚在意。

我也想過是不是買一把陽傘呢，隨後我在銅鑼灣裕華國貨裏看到的那把蕾絲陽傘不能摺疊，攜帶不方便，所以我就乾脆用雨傘當陽傘。還有我的鼻子也經常被香港人說好高啊，我自己一直覺得我鼻子不是高而是長，總之我發現香港人都不喜歡扁鼻子而愛"鬼佬"的高鼻樑。

香港人很少在家做飯款客，他們通常都外出就餐，那麼小的房子做飯自然不方便，而外面應有盡有，當然會選擇出去吃飯。而我則覺得中餐準備起來挺費神，不同菜式加上湯羹，都要同一時間放上飯桌，不如西餐簡單。中國人請客，為顯示大方，總是準備一桌菜，吃不完才顯得出主人的熱情。仁不喜歡我坐在小巴上吃麵包，他說人家會覺得做丈夫的竟然沒錢請太太吃頓飯。

中國人的問候語中"保重"一詞意義很好，但如果你對法國女人說"保重",她會覺得尷尬了。我記得仁的舅母和九姨經常當着眾人面說我長胖了,這在她們看來是表達關愛的方式。中國父母也喜歡胖乎乎的寶寶,看着就表明是豐衣足食的家庭。

與法國人不同,有一些香港人不喜甜食。香港街上還有很多糕點舖,但我總覺得那些加了五顏六色人造色素的的奶油看着都不好吃,於是我還是會自己烤蛋糕,但我猶記得我第一次也是唯一一次烤的那一個巧克力蛋糕,客人們卻幾乎沒吃。香港人吃得健康,很怕發胖,巧克力蛋糕受到冷遇讓我有些失望,這樣一塊蛋糕我爸爸一個人就可以吃一半。

此外,如我所見,香港人在穿着方面較之法國人更為保守。仁回香港之後便不喜歡我穿低胸的衣服,香港人也不喜歡穿無袖的衣服。

鄉愁

有時我也很想念父母,想念法國的朋友,想念用母語滔滔不絕地聊天,想念法語歌、咖啡館、夏日長長的白晝,想念家鄉的恬靜,還有各種各樣的文化展覽,但香港很多可愛的地方能彌補我的鄉愁。安全、便利、人聲鼎沸的街道,千變萬化的海港所帶來的趣味也讓我不那麼在意這裏的悶熱潮濕和擁擠。

來香港之前我離開里昂的父母在巴黎求學，獨自在外三年，我學會了獨立，也漸漸習慣了很長時間見不到父母。離家時我答應他們會經常給他們寫信，但這些年來，我寫給家裏的信日漸減少，不過好在後來國際長途電話費慢慢下降，我可以給他們打電話，並且可以長時間聊天。再後來，我爸爸在六十八歲那年學會了用電腦，於是我可以給他們發電郵。

因為語言不通，在香港難交朋友，所以我經常很想念法國的好友，尤其是我的閨蜜。1987 年我回里昂探親，她出國工作了，所以我們沒見面。1991 年我再回家探親，我已經結婚而且還有了一個十五個月大的寶寶。雖然這五年多的時間裏我們常通信，但她仍然覺得我錯過了很多發生在法國的事。比如我談到某個歌星，她卻說這個歌星早不在人世了，或者我對某個當紅的樂隊孤陋寡聞。

我有時和仁以及他的朋友去唱卡拉 OK，我所熟悉的積奇高德曼（Jean-Jacques Goldman）、伊天達荷（Étienne Daho）以及 Telephone 樂隊，在這裏很少人熟悉，而除了"披頭士"之外（香港人很迷戀他們），我對香港人所喜愛的英文歌，比如木匠兄妹樂隊的歌毫不知曉，中文歌我更不會，因為連字幕都看不懂。加上歌詞多為繾綣之語，和我平時學的口語很不一樣。不過一些粵語流行歌，因為聽了多遍倒也能哼唱幾句，比如張國榮的《Monica》，梅艷芳的《將冰山劈開》。

和仁的一大幫朋友聚會時，我常有種迷失之感，因為他們在一起幾乎不說英語，其實想想也可以理解，法國人彼此也絕不習慣說英語。

雖然香港是英國殖民地，但英語並沒有那麼普及。除了有幾本介紹奢華家居和時尚的雜誌是英文，幾乎沒有什麼介紹本地文化和生活的英文讀物。這倒是幫我省了不少錢，但我依然很想了解原汁原味的香港文化風情，名人軼事。所以我努力學習粵語和漢字，很希望能夠參與日常談話，融入本地文化。

那時香港經濟發展迅速，失業率近乎零，香港人都想着怎麼賺錢，對政治比較冷感。我想起了法國人和家人總愛辯論政治議題，小時候我看到家人這麼扯着嗓子激烈辯論，覺得好笑又可怕。在香港我讀完能讀的英文報紙，聽完能聽的英文廣播，也沒找到太多關於法國的新聞，那些在我們國家人們爭得面紅耳赤的話題，香港人都不怎麼關心。如果那時有互聯網，我的生活一定大不一樣。而且，就算我能讀英文報紙，我也發現其內容和中文的報紙很不一樣。

閒暇之時，我們常去離島郊遊或者逛逛市區的博物館。香港郊野山海秀美，是遠離塵囂的好去處。但市區裏很難找到一塊安靜的地方，尤其是週末，街上總是人滿為患。有次我回法國探親，正值午休時間，這裏商店都關門，街上人跡寥寥，我以為發生什麼事了，久住香港竟然不習慣從前習以為常的安靜！我到過香港文化博物館參觀中國瓷器，但說實話，這裏的瓷器收藏還不如巴黎的吉美國立亞洲藝術博物館豐富，當然，那裏的藏品瓷器有些是從中國得來。香港沒有很多本地的陶瓷藝術品展覽，年輕藝術家舉辦的展覽更是少於巴黎。但這並不能說香港就沒有文化。比如飲食文化就值得人探究，這裏的大排檔、茶餐廳和粵菜館都各有特點，我一直在想，香港的"點心"文化或許影響了人們日後追求食不厭精的潮流。

我也常去維多利亞公園看老人們遛鳥、下棋，或去逛濕貨市場、印刷各種喜帖的利東街，或者逛逛手工金屬飾品店，以及花鳥魚市，有時坐坐渡輪，搭搭老式電車，也很愜意。

但最讓我懷念的是法國的咖啡館，咖啡的香味總能勾起某些暖心的回憶。我記得小時候和媽媽經過咖啡店時，我要她等會兒，因為我想聞聞烘烤咖啡豆的香氣，咖啡香還讓我想起學生時代和同學們午休時間去咖啡館聊天、打彈球。搬到置富花園之後，我發現中環的環球大廈有家法式咖啡糕點店，當時的香港還不像現在這樣隨處可見咖啡館，所以我自然成了這家店的常客，並不為好好品嚐咖啡，只因為咖啡的氣味可以慰藉思鄉之情。

乘搭老式電車很是愜意

思鄉歸思鄉，我覺得在香港生活比在法國安全很多。比如香港的地鐵，既安全又高效率。在巴黎，我都不敢晚上搭乘地鐵，某些線路尤為危險。還有，一旦遇到地鐵工人罷工，班次減少，就很不方便。雖說香港的地鐵月台比較窄，加上下班高峰時要等好幾班才能上車，但香港人習慣了在這樣擁擠的地方生活，他們在擁擠中依然保持秩序，有序排隊、有序上車，從來不會一擁而入。

香港的街道也安全，不像法國不時有人對着你亂吹口哨。我也沒聽我的朋友說起過在香港被如此挑逗。也不知道是中國男人更尊重女人呢還是他們太害羞。然而這個城市也並非如想像般安全，1985年發生的"寶馬山雙屍案"，就讓人很震驚和恐懼。所以說，那些守在住宅大樓、銀行、珠寶店門口的保安，雖說一定沒有十八般武藝，但有他們的存在，總讓人安心不少。

仁的家人也就是我的家人，雖然他們看似不像西方人那麼熱情，情感表達也很內斂，但我需要他們幫助時，他們總在那裏。媽咪從不干涉我和仁的生活，如果我誇獎她某件衣服好看，她就會買一件一模一樣的送我，可我不知怎麼用粵語委婉的表示，衣服很適合她，但並不適合我的年紀和風格。

中國人說每逢佳節倍思親，我則是每到聖誕節就格外想念在法國的家人，我們的聖誕聚餐就好比中國人的團年飯，只是我們吃的是傳統的烤火雞和蛋糕。一家人圍着桌子飲酒聊天，一般話題轉到政治時，差不多就是正餐的尾聲了，然後媽媽會端出奶油栗子蓉和巧克力樹幹蛋糕。小孩們吃飽之後就回臥室玩耍，而大人們則留在桌邊繼續着各種激烈的辯論。

1997 年聖誕，我父母來香港看我，媽媽帶來了一位遠親準備的新鮮火雞，葡萄酒和里昂的聖誕特產巧克力蝴蝶糖，只是這些美食都裝在行李中，人到了行李卻未到。我們很着急，因為那時香港正值禽流感，我們擔心行李被扣留了。但好在一切順利，行李最後還是於聖誕前夕及時送到。那頓平安夜晚餐，我們一直開玩笑說這只火雞經過了漫長的旅程才到香港的餐桌。那頓晚餐令人回想發笑的還有，我讓來聚餐的客人每人帶一份小菜，但他們帶來的竟全是甜點，這都怪我沒有統籌好！

入冬的香港仍然暖和，這時我常和仁以及他的朋友去郊野公園燒烤，香港的郊野公園有專門的燒烤爐和桌椅。在法國，我們常在家裏舉行燒烤派對，通常媽媽負責腌肉，爸爸負責燒烤，而我只是飯來張口。而在香港的燒烤派對，每人得各自將腌好的肉串在鐵叉上燒烤，我通常沒什麼耐性，常把肉放在爐子上就不管不顧，最後它們都烤焦了。享受着"涼爽"的冬日，吃着烤肉，我想如果我的父母也在這裏就好了。

兒子出生

　　1989 年我開展了人生新的一頁 —— 我懷孕了。懷孕後我幾乎成了媽咪和仁生活的中心。兒子出生之後，雖然我還是被呵護有加，但畢竟兒子成了生活的中心。我們家裏請了一位全職保姆，這樣我就不用做家務。想起仁六年前在法國說如果我到香港生活，那就得請一位保姆，那時我還以為他隨便說說。

　　仁和媽咪對即將到來的小成員充滿期待，對我的飲食更是着緊。在法國，從來沒有孕婦會這麼被呵護，至少婆婆不會建議她們吃這吃那。法國的婦產醫生一般只會給你開一些補充營養的藥物，然後就讓你多喝牛奶注意飲食均衡。而在香港，不是我的婦產醫生（他是一位英國人），而是我的婆婆常常在告訴我別吃辣的少吃熱帶水果，因為這些食物性濕熱，對孕婦和孩子的健康都不好。媽咪還提點我盡量別喝咖啡，這一點她倒沒什麼中醫方面的依據，只是她覺得咖啡是黑色的，喝多了寶寶皮膚就會變黑。我倒是聽說咖啡不會影響膚色只會影響體重。不過我還是依照媽咪的吩咐少喝咖啡，我的寶寶的皮膚果然漂亮白緻，這應該只是巧合吧。

我的父母也很高興，只是因為相隔太遠他們沒法給我很多建議。我媽媽只是叮囑我，在巴士上一定要抓好扶手或者前面座位的靠背，因為她還沒有忘記幾個月前來香港在置富路上那飛快顛簸的巴士旅程呢。

兒子 Lucien 比預期早了四天來到這個世界。他出生的前一天，我的一位同事帶來了自家花園收穫的法國四季豆，這在香港很少見，於是我大吃一番。當天夜裏我腹痛醒來，以為是四季豆吃多了，但仁說我應該快生了，於是我們馬上去了醫院。就算是半夜，在香港也很容易找到的士。

懷孕期間我們去上育嬰課程時，護士告訴我們從前中國女人生產之後要"坐月"，這期間不能洗頭洗澡，因為說寒氣會進入身體，身體便很難復元。但護士說如今時移世異，不必再遵從這些傳統，因為家裏都有熱水和電吹風筒。她們還說如果我不洗澡她們是不會到病房裏來照看我的。所以剛生完 Lucien 我就洗了澡，而且我當然也不會一個月之後才出門。

"坐月"期間，媽咪沒有搬來和我們住，我們有了一位全職保姆，這已經讓我覺得沒有私隱了。

照顧嬰兒實在很難，我完全不知道他何時會哭、為什麼會哭，尤其是當仁下班回家後 Lucien 便開始哭，這讓我倍感煩心。寶寶睡着的時候我真想自己出去轉轉但又不敢把他一個人留在家裏，我很想回法國住一段時間，但兒子這麼小怎麼能長途旅行，因此作罷。

兒子的法語名字是 Lucien，他還得要一個中文名字。媽咪拿着仁選的字問風水先生，結果都被否決，於是只好請風水先生贈一名字曰"蒲劍"。蒲為菖蒲，"蒲"、"劍"組合意為剛柔相濟。

媽咪與 Lucien

“坐月”食譜

懷孕的時候我便了解了哪些食材會對孕婦不利。比如按照中醫說法，不宜吃“熱氣”的食物，如龍眼、芒果、香蕉、榴蓮等熱帶水果。榴蓮我本來就不吃的，媽咪特別喜歡，之前還讓我嚐嚐，但我實在受不了它的味道。但幾年之後，我吃到了榴蓮糯米糍，居然覺得它很可口。

中國人對生產之後補血補氣的食材研究可謂精深，因此我復元得很快。生完寶寶之後，媽咪幾乎每天都會買一隻在濕貨市場新鮮屠宰的雞熬成雞湯給我喝，兒子滿月時她做了豬腳薑醋給我，也分給親朋戚友吃，因為豬腳薑醋含有豐富的鐵質，所以對身體復元很好。這道菜中還有被醋浸黑的雞蛋，湯汁甜中微辣，充滿薑香，豬腳軟脸，雖然看着一碗黑乎乎的東西有些奇怪，但味道很不錯。

一些親戚還給我送來雞精，也是黑黑的湯汁，味道濃郁，但卻不是雞湯味，雖然我不喜歡這種味道，還是把它們喝完了，因為聽說這些東西對身體復元很有幫助，並且不便宜，我不想浪費。還有親戚送來燕窩羹，裝在小小的玻璃瓶裏，喝起來很方便，微甜還有一些爽脆口感。我吃過的最為怪異的要數雪蛤膏（聽說是東北林蛙的輸卵管），仁的二姐帶來給我的。雪蛤膏需和中藥一起浸泡一夜，然後小火慢燉幾小時，這樣才能保住其精華。但我其實記不得雪蛤羹的味道了，只記得加了很多冰糖才喝得下去，但因為都說這對我身體好，所以我全喝了。當我跟父母說起產後這一件件珍饈補品，他們都嚇呆了，還露出噁心的表情。

回想起來，生子的過程雖然辛苦，但也讓我成長不少。

～ 育兒 ～

休完產假和暑假，已經秋天，我繼續工作。我們拜托媽咪照顧 Lucien，媽咪自然樂意，因為她覺得光是保姆照顧 Lucien 是不夠的，得要她親力親為。那時媽咪還不到六十歲，這之前的一年她便退休了，因為大部分子女已經濟獨立。和法國不一樣，香港沒有退休金，一般來說子女都會照料退休的父母。

媽咪把 Lucien 照顧得很好，但她帶孩子的方式和我要求的可不太一樣。我覺得小孩不應該挑食，也不應該老是吃港式茶點，因為那畢竟有很多味精。換做是我，我會教兒子先坐好，然後教他怎麼好好吃飯，就像我父母當年教我的那樣。但現在的情況是媽咪跟在 Lucien 後邊追着他邊餵飯，越是這樣，Lucien 越不吃。我很擔心 Lucien 被寵壞了，成為家中的小霸王。

仁不忍也不願去指責媽咪的方式，因為她老人家畢竟是在幫我們的忙，我們已經很感謝了。只是中國和法國的教育方式實在差別很大，我那時也很難判斷哪一種對小孩更好。哄 Lucien 睡覺很難，我發現大部分香港的小孩都睡得很晚，這樣父母在晚上幾乎沒有屬於自己的時間了。帶孩子很辛苦，有時跟在法國的表姐聊天，我覺得法國的媽媽帶孩子似乎比香港的媽媽容易許多。

聽說在香港，年輕夫婦在週日帶着小孩和保姆一同去餐廳吃飯，我法國的親友都很吃驚。我自己也覺得有保姆在身邊餵孩子吃東西感覺很不自在，尤其我一週也就只有週末放假時可以多照顧一下蒲劍。不過

阿公阿婆喜抱曾孫 Lucien

半夜在家裏我也妥協接受仿照其他父母一樣盡量讓保姆幫忙餵孩子，因為她白天可以在家裏歇息，而我則要上班。為什麼我在法國見到的寶寶們都可以一覺睡到天亮，而 Lucien 卻不行呢？不過隨着 Lucien 逐漸長大，我們對他的教育的分歧也越來越少。

到了 Lucien 上學的年齡，我們開始考慮是送他去本地學校還是國際學校。當我聽到很多父母說本地學校功課繁重，晚上父母還要輔導小孩溫習時，我自知一定沒法輔導那些用中文授課的科目，所以我們把 Lucien 送到了英文學校。在家裏 Lucien 說法語和粵語，而且他學會粵語比法語更早，那時他還問我為什麼我要和他說法語。大家見到他總要誇他粵語和英文都那麼流利，他自己也覺得自己一半是華人一半是英國人。

Lucien 六歲時，我在法國國際學校工作。每年暑假我會帶他回法國，住在我父母家，這段時間他的法語進步很快。他能自如地在中文、法語、英語之間切換，比如他和仁講粵語，和我講法語，在學校講英語。

香港人教育小孩有兩種態度，一方面非常保護小孩，不讓他們碰那些家長認為不乾淨的東西，而且過分溺愛小孩，另一方面又不斷給小孩讀書壓力，強迫他們學這學那。我們只讓 Lucien 學小提琴和漢字，仁說漢字是一定得學的。如今 Lucien 很感謝仁當初強迫他學漢字，不過雖說是被迫學漢字，但每次如果他能從老師那裏拿滿分，媽咪就會給他發零用錢作為獎勵。如果要問我是不是給小孩的學習任務太少了，因而減弱他在同齡人中的競爭力，我的回答是，我從不這麼認為。

我想起當初我常擔心 Lucien 被寵壞，不懂得尊重長輩。但我多慮了，其實最重要的是讓他認識到家庭的溫暖和重要，他的香港祖母和法國外公姥姥給他的正是無限的溫暖。我們教曉了他如何關愛家人，如今他也長大成為一位充滿善意的小伙子。

定居

1985 年初到香港，我以遊客的眼光看這個城市，雖然我自己不覺得自己是遊客，而我那時對未來的生活也沒有太多遐想。一年以後回到香港，我更細緻地了解了香港。我喜歡這裏的生機勃勃，入夜的萬家燈火，以及交錯相融的山海。我能這麼快適應異鄉的生活，還有一個原因是仁總是能化解我的不安，也能設法解除我生活中遇到的障礙。

雖然 1986 年我和仁還在想着是否以後再回法國，但三年之後我們不做此打算了。仁在香港有了穩定的工作，而我也很喜歡香港，並決定以此作為自己的第二故鄉，因此沒有必要回到法國一切重新開始。

雖說決定在香港"定居"，我們卻並不穩定，因為我們時常搬家。三十年來，我們搬過八次家，住過七個不同的區。每搬到一個新地方，我都得花時間熟悉附近的超市、商店、集市，以及修鞋舖、文具店、打印店等等。

我在港島住了十年，中區、西區、東區和南區我全都住過了。在九龍住了十三年，新界住了六年。因此我住過人口最密集的市區，也住過居民甚少的遠區，住過高樓，平房，每一個地方都有其令人難忘之處。如今我們搬到了新界的大埔區，遠離塵囂。

第一個自己的家

1986年底，也就是我們結婚半年之後，我們從媽咪家搬出來了。仁的大姐準備搬去和媽咪住，所以把她在置富花園租的公寓轉租給我們，她的傢具也都留給我們。我們去看了她的房子，在港島西南的薄扶林區。這裏的環境很像"沙田第一城"，只是規模要小些，

薄扶林村

一共只有二十棟樓，每棟二十八層。每層有左右兩條走廊，每條走廊四戶人家。我們覺得這裏的房子不錯，而且交通也便利，於是我們便搬進來了，住在十八樓，可以看見南丫島的電廠和兩座燒煤塔。

二人世界開始後，仁做飯，我負責洗衣和打掃房間。我們廚房很小，外牆掛了尼龍繩子，可以曬衣服。每次要晾衣服我都得擠進廚房的水槽和洗衣機之間的一小塊空間，才能俯身觸到窗外的尼龍繩子。窗外因為都是高樓，透風不好，尤其是 3、4 月的黃梅天，衣服要很久才能乾，而且聞着有股霉濕的味道。怪不得香港有那麼多洗衣店，它們服務快捷，價錢合理，最主要是可以烘乾衣物。為了防止衣物長蟲，我們都會在衣櫃裏放上樟腦，秋天到來時，從櫃子裏取出放了半年的秋裝，聞到的全是樟腦味，這種味道比高級香水的香氣更持久。現在幸好有了無味的除蟲劑。雨季時，鞋跟、皮包、皮帶都容易長霉，而且很難除掉。建築物的外牆和屋苑大堂的地上也總是濕漉漉的，為了防止人們摔倒，管理員都在大堂裏鋪上了地毯。

搬出來之後，我們每週回一次媽咪家吃飯，然後順便在軒尼詩道買切好的白麵包當平日的早餐。在法國我一天要吃三次麵包，所以現在就算吃飽了我還是會吃一兩片這種白麵包解饞，但仁對此不甚樂意，他說不知就裏的人還以為是他連正餐也負擔不起，要老婆吃麵包充飢。但我倒是不在意別人說什麼，因為我在香港也不認識什麼人。有時我也自己做麵包，但和外面賣的口感還是不一樣。

置富花園附近的商場什麼都有，還有一家便利店裏面有電話亭，那時我們家裏還沒有開通國際長途線路，所以我都是來這個電話亭給法國的父母打電話。這裏還有一家室內的濕貨市場。仁說如果我和他一起來市集買東西，商販看到外國人就會漲價，所以他讓我不要跟着他。後來我乾脆自己去濕貨市場，也不管人家是不是會坑我。成了常客之後，一些店家有時還會給我折扣呢。週末，我們會走得遠些，去薄扶林老村的街市，這裏品種更多價錢也更便宜。村民們把蔬菜和水果都擺在村屋門口。我記得那裏有一位賣豆腐

在小巴上吃麵包

的老太太，她還會做豆腐花，豆腐花淋上薑汁糖漿，給柔和的豆香增添了一絲刺激的口感，非常好吃，我慢慢開始喜歡吃豆腐了。

置富花園的公寓沒有暖氣，所以每到冬天，風就會從窗縫中鑽進來。不過我們知道香港冬天並不長，所以我也就多穿點衣服來應付寒冷。不過話說比起法國的隆冬，香港的冬天確實算不上什麼。但因為香港氣候潮濕，加之我們的樓宇保溫欠佳，因此冬天也頗有些日子不太舒服。住在置富花園的日子，我每天出門首先會和大樓保安問好，他坐在前台背後，每次也會抬頭向我問好。回家時，我會搭乘開往薄扶林的 22 號小巴，然後用粵語向司機喊"橋底有落，唔該！"只說這麼一句粵語，比搭計程車還要描述地址簡單多了。但有些粵語詞的順序我就是怎麼都搞不清楚，仁

商販看見外國人就會漲價，仁不讓我這個鬼婆站近

也因此總是笑話我，比如"好口渴"，我要不說成"渴口好"，要不"渴口口"，就是現在我都還是經常說錯！

仁工作的地方在旺角西洋菜街的旺角中心二座，這是香港城市理工學院（也就是後來的香港城市大學）最早的臨時校舍，這棟樓現在是香港工業貿易署所在地。我去過那裏幾次，讓我覺得不可思議的是教室居然位於商業鬧市區，還就在購物中心樓上！這一片區域店舖林立，大多是賣些便宜時裝和首飾的小店，也有很多賣港式小吃的攤位，比如咖喱魚蛋、炸雞腿。還有些賣油炸蔬菜、臭豆腐、烤魷魚和鹵大腸。小吃攤位前面總是排着長隊，多是年輕人。就連在酷暑之日，也能見年輕人們端着買來的又熱又油的小吃，站在路邊吃得津津有味。雖然看着美味，我卻因為腸胃一向不好而無福消受。這年夏天我還接種了霍亂疫苗，因為香港出現過幾起病案。雖然也無大礙，但我還是經歷了幾次腹瀉。

仁和我每天都是搭乘地鐵或巴士去上班，我倆都沒有駕駛執照，也不急於去考，因為在香港買車養車都開銷不菲。八十年代末在置富花園一個月的停車費就是七百港元。況且，搭地鐵很方便，大小巴士更是班次頻繁，只是因為香港多山，坐巴士繞山路有時不太舒服，加上那時候大部分從英國進口的巴士已經老舊，避震裝置通常已經失靈，車上也沒有空調。1989 年我媽媽第一次從法國來香港看我，我帶她搭巴士，我記得途經置富道和薄扶林道時我們必須緊緊抓着扶手才不至於被顛出座位。

1990 年初房東準備出售我們租的這套公寓，售價是八十八萬港幣（約五百平方呎，1,760 港幣一平方呎），當時我們無法負擔，於是不得不另找住處，不過現在回想起來如果那時有經濟能力，這是一筆不錯的投資，因為二十五年之後這套房子售價漲了十倍，租金是以前的五倍。於是在置富花園住了三年半之後，我們搬到了港島的羅便臣道。

其他的家

羅便臣道一帶，雖比先前的地方更為時尚，但房價看着上漲，而且不斷有新的高樓拔地而起，遮擋了低矮舊樓的視線。我們的公寓有 1,800 平方呎左右，十分寬敞，因為是老房，租金不算太貴。我們住在十八樓，窗外能看見維多利亞港和九龍半島，但這樣好的景致不久就被前面新建的一棟高樓擋住了，建築工地施工的噪音很大，而且塵土飛揚。雖然是十八樓，夜裏居然還有很多蚊子，每晚睡前，仁都要和蚊子"搏鬥"一番。從臥室窗口看出去，我能看見正在填海興建的赤鱲角新機場，看得見海港一點一點地被填為平地。

半山區的發展很快。我們搬去時，全世界最長的露天自動扶梯正在修建。我爸爸1992夏天來看我那時，自動扶梯才開始動工，一年之後就運行了，香港的效率真驚人！我還聽說香港建築工人一天就可以修好一層樓。在這樣的速度之中，我們居住的區域每天都在變化就不足為奇了。

那時 Lucien 還小，週末我們便帶他去維多利亞公園。他最喜歡和爸爸一起玩皮球，還有看池塘裏的遙控玩具船。我們也會帶他去中環的動植物園看猴子和老虎，或者帶他去新開的中環公園蕩鞦韆和觀看各種各樣的鳥，這兩處離我們的家都不遠，走路即可。週日下午我們會去半山的濕貨市場買菜，這裏的小道旁老店、大排檔林立，很有農村的味道。回家途經堅道，我們會找家茶餐廳坐坐。如果運氣夠好的話，碰上菠蘿包新鮮出爐，配上可口的奶茶，享受的感覺不亞於法式牛角包加咖啡。

1994 年中，我們從羅便臣道搬到了港島東區的北角，我們的公寓又被夾在高樓之間，窗外可以看見對岸啟德機場飛機的起降。我們所住的小區有一個露天游泳池，仁常帶着 Lucien 去那裏，教他游泳。仁哄 Lucien 學游泳的辦法是每次他只要去游泳，就給他零用錢，但這些錢並不是直接給 Lucien，而是存在屬於他自己的銀行賬戶裏。

中環半山的露天自動扶梯全世界最長

一開始我很想念半山的景致，北角沒有什麼風景，但因為人口密集，社區成熟，所以生活便利。這裏離我熟悉的銅鑼灣也不遠，週末還是可以帶 Lucien 去維多利亞公園。

我記得 1992 年我帶我父母來香港度假，我帶他們從北角搭乘貨運渡輪到九龍城。比起坐車經過海底隧道，搭渡輪過海，開闊的視野讓人心情愉悅，也是很有趣的體驗。在紅磡上班時，我便每天搭渡輪。但春天多霧，能見度低，每次搭船都有些惶恐不安。我記得有一天清晨被長鳴的號角驚醒，原來是海上大霧瀰漫，我來到窗邊看見一艘裝箱貨輪離我們很近，嚇了一跳，似乎我們剛剛逃過一場大碰撞啊。

在北角住了兩年之後，1996 年，我們搬到了港島對岸的九龍，一住就是十三年，這期間我又搬了三次家，但都在九龍塘。一開始，我很想念港島的便捷和獨特的景致，但不多久就發現九龍塘恬靜很多，大道兩旁長滿樹木，有恍惚回到了法國的感覺。當然這裏沒有法國的七葉樹和梧桐，但每到春天，九龍塘達之路上綻放洋紫荊，也就是香港的市花；等到洋紫荊開過花期，歌和老街的木棉又如煙花般絢爛，一路延伸到遠處。

在九龍塘的第一個公寓住時，我們還能看見飛機伴隨着引擎的轟鳴聲飛過，這時連電視機都會震動。

大霧瀰漫，從渡輪望向維多利亞海港，驚見一艘貨輪近在咫尺

Lucien 喜歡站在窗邊看飛機飛過，慢慢往啟德機場方向降落。不久之後，家附近開始新建一個購物中心，嘈雜之聲讓我想起住在羅便臣道，也得忍受建築工地的噪音。搬來九龍塘後，我們常開車去九龍城購物，車就停在位於賈炳達道的一個購物中心的頂樓停車場。離家最近的濕貨市場是位於石硤尾的南山邨，就在城市大學背後，從這裏走回家只要十五分鐘。後來啟德機場停用，終於安靜了不少，再也不會有飛機飛過頭

頂電視機都在晃動的時候了。1998年，我家旁邊的"又一城"購物中心（當時是香港最大的購物中心）建成，生活更加便捷，也少去九龍城了。我不僅在"又一城"購物，還常在這裏吃飯、看電影。現在，雖然已經搬離九龍塘，我們還是常去"又一城"看電影。

三年之後，我們搬到另一個公寓，還是在九龍塘。這裏離城市大學更近。不過因為童子軍週末在這裏訓練，所以很吵。他們常常一整個下午一直喊着"1-2-3"的口令。在這裏住了五年之後，我們又搬到了1996年我們剛來九龍塘住的那個街區。2006年Lucien遠赴英國留學，家裏冷清了不少。週末我和仁便去遠足，路線常是從東涌到大澳。也是從這時期，我又開始學習普通話。

2009年3月我們搬離九龍，到了新界的火炭，這裏要穿過獅子山隧道才能到。對很多一直住在港島的人來說，九龍都算遠，而新界，更是遠在天邊。我們的公寓在山上，面對沙田，夜景甚是好看。從陽台還可以望見剛來香港時找房時看過的"第一城"。端午節的時候，可以看見沙田城門河上的龍舟大賽，雖然看不見龍舟的裝飾，但能聽見激烈的鼓聲。對於龍舟大賽我不大感興趣，但卻很喜歡吃粽子，尤其是在糯米飯內有着肥肉、綠豆和鹹蛋黃的裹蒸粽。雖然我還沒有嘗試過自己做粽子，但我知道要有特別的手法，才能將所有材料包在粽葉內，少點經驗也不行。

　　遠離市區，我們不能再想看電影便說走就走。出外之前我們得好好計劃，而且回家前一定得想好要買什麼東西。但我也慢慢喜歡住在市郊，而且從這裏到市區搭小巴只要十五分鐘。

　　每天出門我搭乘家門口的小巴到達沙田車站下的排頭村，每到這裏，我都能聽見冰淇淋車的音樂。住在這附近的人們通常騎單車到火車站，然後把車鎖在路邊的欄杆上。漸漸地，我對沙田車站一帶熟悉了，尤其熟知這裏的購物中心。但是雖然這裏應有盡有，但無甚新奇。而且沙田的濕貨市場太小，我和仁還是得常去大埔買蔬菜。

沙田火車站外的冰淇淋車

住在這裏時，我們常在樓頂練習太極，沙田就在不遠處。家附近的穗禾路北邊的綠地常有猴子出沒，牠們還常"光顧"我們的公寓樓，一點也不怕人。穗禾路尾有條不錯的路通向荃灣，但此路常有猴子"擋道"，城門水庫一帶更是猴群壯大，加之此路石階頗多，行路不易，我還是首選東涌大澳一段作為健行路線。

在火炭住了四年，也就是 2013 年中，我們搬到了沙田東北邊的大埔，這次是從市郊搬到了"鄉間"。這裏風景優美空氣純淨，蟲鳴鳥叫，鶯飛蝶舞，除了可聽到蛙聲一片，還有蜥蜴作伴，但我最不想看見的蚊子和蛇這裏也多着呢。而我們現在住的這棟小平房，終於沒有高樓擋住視野了。只是現在我們離灣仔比離中國大陸更遠。

搬來之前，我便聽說過大埔墟，後來有朋友介紹給我其他的市場和店舖，品類眾多，選擇豐富，也是我喜歡大埔之處。這裏讓我想起三十年前曾經住過的灣仔，因為這裏也有鱗次櫛比的小店，有些堆滿了曬乾的山珍海味，有些則是五金店、文具店、鏡框、玻璃訂製店、鞋店。而且最讓我開心的是大埔墟可以買到海鮮，就在市場尾端的熟食中心便可以加工處理，這又給我的生活增添了很多"味道"。

在大排檔吃新鮮的清蒸魚

大陸與澳門

深圳蜜月

仁的二家姐送給我們的新婚禮物是在新建成的深圳灣大酒店兩晚的客房住宿。我知道深圳是中國的經濟特區，因為如此，它發展很快。我在灣仔的中國旅行社拿到了一個月的中國簽證。

這是我初次去中國大陸。我們得先從灣仔乘搭巴士穿過海底隧道到達九龍的紅磡，從紅磡坐火車到羅湖口岸，通過邊檢之後我們要過一座橋，天氣炎熱，橋下的深圳河散發着臭味。橋上全是黑壓壓的人頭。我緊跟着仁，生怕走丟了。到了大陸邊境，仁幫我填好了入境卡，然後我們得從不同的通道入境，仁要從底樓的港人通道走，而我得走外國人通道，因為仁的手續比我簡單，所以他在出口等我。我很緊張，因為從沒在這麼多人中排隊辦手續，加上我語言不通。獲得入境批准，我忐忑不安的跟着人流朝外走，幸好我很快就在出口的人群中看到了仁。

出境大堂門外站滿了人，不斷有年輕人朝我們說些我聽不懂的話。後來我才明白他們在說"換錢，換錢"。他們想換些港幣來買那些人民幣買不到的東西，而在他們這裏換比在銀行划算。

深圳灣大酒店在前不着村後不着店的地方，附近沒什麼風景，只有一些農田和一家小餐館，我們在這裏吃了白灼蝦。飯後我們去了市區，但感覺挺冷清。

兩天之後，我們便回到香港。因為仁還在休假，所以我們覺得應當再去趟中國大陸，對我來說，深圳這樣的新城沒什麼可看，這一次，我們要去西安。

自"蜜月之行"以後的很多年，我都不太想去深圳，雖然媽咪總是跟我說深圳有多好。九十年代初，媽咪常會合她的朋友結伴去深圳享受按摩和點心，她還可以在深圳找到價格便宜的裁縫，可以為她量體裁衣。從香港去深圳很方便，加上媽咪持有港澳居民回鄉證，出入境很簡單，所以對她來說，去深圳總是一件樂事。而我是在香港生活七年之後，才獲得香港身份證。雖說身份證上智能識別芯片，讓我每次外遊過境可以很快，但我的身份證上沒有回鄉證持有者身份證上的三顆星，所以我去深圳還是得申請簽證。

那時香港人談論着深圳這個首個中國經濟特區的快速發展。我聽說很多香港公司都搬到了深圳甚至廣州，還聽說很多香港老闆在深圳"包二奶"。

　　直到 2004 年，也就是"蜜月之行"的十八年後，我才再去了深圳，發現已經完全認不出來這座城市了。仁和我並沒有去香港人常去的羅湖商業中心，仁說那裏擁擠嘈雜。我們去了羅湖商業中心旁邊的一處地方做按摩，後來也常來此處。2006 年初，深圳地鐵運行，我們便來深圳買瑪瑙和水晶，我把它們做成首飾送給朋友。我們還去過一次錦繡中華民俗村。雖然現在深圳物價早不似當年低廉，香港人仍然把深圳當做休閒之地，但已不如從前那麼流行了。

∞ 西安 ∞

　　深圳"蜜月之行"的兩週之後，我們開始西安之旅。首先從紅磡坐火車先到廣州，沿途透過車窗看見旁邊的農田農民正在用耕牛犁地，那時居然連拖拉機都沒有。到了廣州火車站，還是有很多年輕人過來找我們換錢。我們計劃在廣州休息一晚，然後從廣州飛西安。在廣州入住酒店時，我們還得出示結婚證並把護照留在前台。而且可笑的是我必須多交一點房錢，因為我是外國人。但今天不復如此了。

　　酒店設施很舊，沒有冰箱，也沒有電視。唯一看着值錢的東西就是一個有粉紅色牡丹圖案的暖水瓶，我們可以用它在走廊的熱水間打開水。那天很熱，我們去酒店門口一個小販那裏買了個西瓜，但因為氣溫可能有三十幾度，西瓜都是溫熱的。回到酒店，我們趕快在衛生間水槽接了一槽水，把西瓜泡在水中降溫。當天下午我們逛了孫中山紀念館和越秀公園，第二天我們便坐飛機去了西安。

到了西安之後，當然肯定直奔兵馬俑博物館，我在藝術課上就知道了兵馬俑，一直覺得百聞不如一見。博物館館門口蹲着很多小販，見我們一下車，便蜂擁而上要我們買紀念品，我們不得不推開他們才能繼續朝前走。

展廳裏人很多，我們必須伸長脖子才能繞過人堆看見下面展坑裏的陶俑。他們形態各異一列列的站在我目前，令我頓感渺小。從展廳出來，我們又被商販圍住了，不得已買了個陶俑紀念品。

最尷尬的是我去廁所，發現沒有抽水馬桶，只有一個茅坑，而且所有人排隊等着，你得在眾目睽睽之下小便。廁所氣味熏人，有幾個日本遊客戴着口罩，他們真是聰明。我去過的其他景點也都是蹲式廁所，有的左右兩邊有隔板，但前面卻沒有門，一樣的排隊，一樣的髒臭。今天雖然整體衛生狀況比從前好多了，但就算在中國一些大城市，還是會見到衛生令人堪憂的場景。

還有一些不可思議的事，比如餐館很早就關門了，菜單上的菜很多都沒有。我以為這裏的米很好吃，畢竟中國是農業大國，但端上來的飯都是黑乎乎的。現在這樣的情況當然是沒有了，如今就算是半夜也可以找到依然熱鬧的餐廳，而且服務水平也和香港無甚差別。

第二天我們去了乾陵，我記得通往主陵的神道兩邊有飛馬、朱雀等動物的雕像，很有意思。我們還參觀了永泰公主的石棺以及其他遺跡。只要是收門票的地方，我都得付比仁更多的錢，因為我是外國人。西

在西安被人們推搡着上公交

安的景點門票有三種價格，本地人、海外華人和外國人，外國人的票價是最貴的。同樣，這樣的差別現在已經沒有了。

最後一天我們坐公交去參觀大雁塔。等車的時候我們站在一位孕婦身後。一些人等累了便捲起褲腳蹲在地上休息。我很佩服他們可以蹲在地上這麼長時間，我可沒有這般能耐。巴士到了，車上已經很滿，我還在想我們是否能上車，就被後面的人推着往前趕，有的乾脆擠到我們前面，隊伍早就不成形了。那位孕婦也被推搡着，讓我很吃驚。我們終於被擠上了車。售票員就在乘客中擠來擠去地賣票，而票就是一張薄得幾乎透明的紙條。

我們第二次去西安是2013年，距上次已有二十年。如同深圳，西安的變化也大得讓人認不出來。鐘樓依舊在，它的屋簷微翹，與古城牆一樣，在夜景燈光下顯得美輪美奐。1986年的西安城，既少燈光也沒有什麼夜生活。如今入夜之後，古城一派熱鬧，尤其是夜市。廣場舞和太極並存，這也是有趣的景象。

這次我們入住的酒店當然不會要求我們出示結婚證了，而且我和仁的房價也再沒有差異。只是從前街上見到最多的自行車已被汽車取代。雖然空氣質量大不如從前，但我看到有很多人也願意騎車出行而不是開車。

雖然在 1986 年看過兵馬俑，這次我依然嚮往。這裏的規模比以前大了許多，展出的兵馬俑坑也更多，而且還有一所專門的博物館和很多紀念品店。園區內也有了設施不錯的廁所。單看擴大的停車場和停滿的車輛，便知道這裏有多受遊客青睞。

成都

西安之行結束後，我們又去了成都，我知道這裏因為熊貓和辣椒而有名，我也很想嚐嚐川菜。

我記得那次的飛行旅程充滿驚險。飛機起飛之前，機艙內居然有水珠從頭頂行李艙滴落，於是空乘人員得不斷用毛巾擦乾水珠，不然它們會滴到旅客頭上！

飛機很小，遇到氣流強烈顛簸。其間機長從駕駛室出來走去衛生間，看到他竟然穿着拖鞋，這讓我更加緊張，但仁一直安慰我，說中國的機長都技術熟練，他們都是朝鮮戰爭中戰鬥機的飛行員。後來我多次在中國大陸旅行，再沒有在飛機上看見這樣的 "奇觀"。

我們入住賓館，與四個剛相識的香港人共住一間大客房。去市中心逛，看到有很多小商販挑着擔子買賣桃子和擔擔麵。街上的年輕人都穿着喇叭牛仔褲，一些年輕女孩穿着短裙塗了口紅。有些戴墨鏡的人還留着貼在鏡片上的商標。還有一些穿西裝的人掛在袖口的商標也還在。上了年紀的人大多較為保守穿着傳統的中山裝黑布鞋。街上可以看到很多抽煙的人，其中有一些是上了年紀的女人。在法國通常是年輕女人才會吸煙。

我們和新結識的香港旅伴在路邊一家餐館吃飯，突然看到有人從自行車上摔了下來，很多騎車的人從他身邊經過但都沒有停下來，這讓我想到在西安看到那趟孕婦乘巴士事故，也是沒人理會，中國人的個人利己主義真讓我吃驚。過了好一會，交通警官從指揮台上下來走到摔倒的人身邊，又過了一會救護車才來把傷者接走了。

這頓午餐，我吃了很多辣肉茄子，味道很不錯，但第二天一早我便覺得腸胃不舒服，我本來腸胃就比較敏感，在香港如果遇到不適，媽咪就會讓我吃保濟丸，總是很見效。我應該帶一些在身邊。這個黑色小藥丸和我媽媽常備在家的順勢療法藥丸很像，但味道卻怪怪的。出行前一個月，我接種了霍亂疫苗，因為這之前香港有幾起病發，所以雖然拉肚子我卻不擔心有什麼大礙。但是我們已經買了去九寨溝的車票，我這樣怎麼坐長途車呢，只好取消行程。車票買了無法退回，又不能去看熊貓，確是掃興，但健康比一切都來得重要。後來路邊一個賣素包子的老太太教我一個土辦法，她說吃生蒜可以緩解腹痛，我連吃了幾片蒜瓣，果然好多了。不過我想路人都應該老遠也聞到我滿身蒜味吧。後來出行我都會帶藥，比如保濟丸或喇叭牌正露丸，但味道都不如娘家的藥丸。

接下來的三天仁跑了幾次中國旅行社，想買兩張回深圳的機票，但沒買到，負責人總是說沒有。就算仁解釋說我生病了得馬上回家，還是沒用。我覺得很難受，怎麼大家都不同情我的狀況？不過如今應該不會再有這樣的"漠然"了吧。等票的時候，我們就在城裏逛，偶爾坐坐公園內的茶館，喝五毛錢一碗（那時相當於港幣一塊五毛）的蓋碗茶，喝完了可以用桌上放着的灰色暖水瓶自己加水。坐在我們鄰桌穿着灰色衫褲的老人家在喝茶聊天，我看他們喝茶真是一門藝術，他們不打開蓋子，而是用蓋子擋住茶葉，然後連着蓋子喝茶，仁喝茶的技術比我好。坐在藤椅上，品着茶，感覺很愜意，隨便坐多久都行。

市中心的主街上有一家賣旅遊紀念品的商店，但只賣給外國人。商店裏有幾個玻璃櫃子，裏面擺了些小玩意兒，不能討價還價，而且只能用外匯券買。那時候當地人卻沒法用人民幣買到進口商品，甚至是可樂這樣如今尋常之物。街上的小販賣的紀念品便宜多了，而且選擇也多些。我們買了印有老虎和熊貓的 T 恤。

過了三天終於買到飛廣州的機票，現在我還記得成都雙流機場離市區挺近的。我們回到廣州機場，隨即搭巴士回深圳，順便在邊境吃了頓午餐。這趟旅途太辛苦，所以回到媽咪家，我覺得太舒服了，回到家那股溫暖的感覺很窩心。

當年的大陸之行雖說有很多不盡人意之處，但讓我見識增長不少。西安和成都比起香港都是大城市了，我聽說人口都超過了千萬。我能感覺到當時的大陸在慢慢開放，可以見到一些西方的影響，街上的汽車也比想像的多。但那時的大陸衛生條件和服務態度我實在不敢恭維。那時連西安、成都這樣的城市都頗為落後，根本還沒有如現在中國大城市那樣滿街的奢侈品店或商店，我倒覺得這是個優點。那時我很難想到，十多年之後我所到過的地方會改變那麼大。雖然我再也沒有去過成都，不過我能想像得到這座城市一定也非常現代化了。

⌘ 澳門 ⌘

1986 年 8 月底，我們巴黎認識的一位香港朋友問我是否有興趣做他朋友的模特兒，他朋友正為自己的運動服宣傳冊找模特兒，但是是沒有酬勞的。他找到我讓我很驚奇，因為我的身材並不是那種典型的高挑模特兒身材，不過我還是答應了，條件是要讓仁陪我一起去。拍照地點選在澳門，這樣我有了去澳門的機會。9 月 7 日我們到上環信德中心的港澳碼頭坐船去澳門。

　　對澳門的第一個印象是碼頭海域的海水是泥黃色的。這裏沒有香港那麼多高樓，大部分樓宇都很舊，但有很多葡式公寓，公寓陽台斑駁的鐵欄杆爬滿了綠色植物。街道兩旁都長滿樹木，小廣場多的是，人們都坐在長凳上。廣場地上鋪着鵝卵石或者馬賽克拼花工藝磚塊，充滿了南歐風情。橘粉色外牆的教堂和圍着藍色邊中間燒製了中文和葡萄牙文的白瓷磚路標都富有葡萄牙殖民色彩。

　　拍照地點是澳門峰景酒店，這是澳門歷史最悠久的酒店。從外面看，這座建於 1870 年代的葡式風格的別墅沒什麼特別，但當我走進去，就明白為何挑選這兒作拍攝場地，巨大的壁爐、華美的階梯、室內陽台大理石欄杆以及挑高的天頂，都是拍攝取景的好地方，只是酒店的設施略微陳舊了。

　　拍完照之後我們參觀了一下澳門；在去大三巴的路上，仁帶我去了澳門最老的一間糕點店，叫 "三可餅家"。仁說他小時候和表姐妹在澳門度暑假，他的三姨和四姨便常在三可餅家買餅點給孩子們吃。街上有小商販異常熱情地衝着我們喊叫，想讓我們買澳門特產的牛肉乾和杏仁餅，還有人在賣葡式蛋撻。傍晚我們去了賭王何鴻燊旗下的葡京賭場，只玩了一下門口的老虎機，覺得沒什麼意思。

澳門的生活節奏比香港緩慢，在這座富有南歐風情的城市逗留兩天，我竟有種回到法國的感覺。在香港生活的幾十年中，我們也常來澳門休閒。

在後來的三十年中，我們還去過幾次澳門。我記得我第一次嘗試腳底按摩就是在我們住的酒店的附近，那裏有很多按摩店。我們還去過黑沙海灘旁邊的一家很有名的飯店，等座位時我們便玩着桌上足球。我們點了非洲雞，鹽漬鱈魚配炒蛋和烤土豆，喝着蜜桃紅酒。八十年代後期，蜜桃紅酒是在香港超市裏為數不多的葡式酒之一。我還記得它的瓶身是扁圓的，很有特點。離開澳門之前，我們專門買了鹽漬鱈魚，橄欖油和波特酒。

如今，為了吸引遊客，澳門很多地方都經人工雕琢，商業味道很濃，比如新建了很多賭場和酒店。有幸老城區自 1986 年未有大的改動，每次到這裏也讓我回憶起過去的時光。

∽ 大陸和澳門的變化 ∽

我第二次去中國大陸是 1988 年，我們和仁的大家姐以及她的法國朋友布蘭迪尼一起去了昆明。1988 年的大陸和 1986 年我首次來此沒有多大區別。城市看着依舊很落後，而且沒有夜生活。巴士非常擁擠，我們只好決定打車去西山，但幾乎找不到出租車。

這次之後，我再到大陸已經是 1996 年了，那年仁在北京擔任一個月的教職，我帶着 Lucien 去看他，我們母子在北京待了一週。我們去了長城、故宮等名勝古跡。八年過去了，城市裏的餐館和商店多了許多，騎車逐漸在取代自行車。路人的穿着也不似從前那樣單一，女士們化了妝燙了頭髮。一年前，外匯券取消了，中國人也可以用人民幣購買進口商品，也不會有人老是追着我們喊“換錢換錢”。我們住的酒店旁的商店，看着貨品都很豐富，也賣進口商品，但價格着實嚇了我一跳，就連電飯鍋這樣的平常之物價格也和香港賣的一樣。

1986 年我絕對想不到這個國家在十年之間的變化如此之大。我還記得當年媽咪經常把舊衣物裝在那種紅藍相間的編織袋裏，帶到廣東老家給她的親戚，這些物品對那時的大陸人來說還是稀罕之物。

2002 年，我和法國國際學校的兩位同事去上海，我們用了三天的時間逛了上海的大街小巷。那時的上海有些像八十年代末期的香港。外灘人潮如織，中外遊客皆有；在距離這片繁華之地不遠處，有菜販子們在路邊沖洗待售的蔬菜，還有商販們在老舊的店舖裏做着買賣。而再走一段路到法租界附近，又看見打扮時髦的年輕人在咖啡館裏聊天。這樣新舊交融的場景，讓人印象深刻。

後來仁和我常去中國大陸。我們去過杭州、貴陽、大連、青島以及黑龍江省的一些城市。上海和北京我們也再到過幾次。這兩個城市一直在飛速變化，變化之大讓人早已看不到當年我初次到來時的痕跡了。

從 2006 年開始我和仁每年都會隨同一個慈善機構去一次大陸。我們選擇去到非常窮困的城市，給那裏優秀的學生頒發獎學金。我們走訪了江西、安徽、河南、寧夏、甘肅等省的學校。雖然中國的大城市已經很發達，但我們去到的很多村鎮依然貧窮落後，1986年在大陸見到的那種蒼蠅亂飛、臭氣熏天的"茅房"，在一些村鎮依然可見。

至於澳門，這座城市越來越熱鬧，賭場、酒店不斷興建。從前獨有的那種南歐式的悠閒已經漸漸感受不到了。只是一些古舊的建築還在，但我覺得這裏的魅力已不如從前。

娛樂和郊遊

香港雖然城區擁擠，但離市區不遠，便有山海之美。和大多數香港人一樣，空閒時間我們就去登山遠足。尤其是 2003 年"沙士"肆虐期間，更不願意留在擁擠的城市中。"沙士"持續的那三、四個月如今想來也有些驚悸。我父母從法國給我們寄來醫用口罩，香港教育局下令 3 月底所有學校停課一週，一週之後正好又是復活節。那時我在法國國際學校工作，所以也得以放假。我和 Lucien 便有三週的假期。每天早上起牀第一件事就是打開報紙看又有多少宗新增病例，然後我們全家便去浸會大學的體育館跑步。我每天都期盼着這座城市的驚慌趕快消散，生活恢復正常。終於到了 6 月底，世界衛生組織宣佈香港不再為疫情高發之地，我也終於安心了。

除了一些大家所知的郊野公園，香港還有很多人煙稀少的荒地。新界便有很多久未耕種的田地，幾乎荒廢，堆了很多廢舊汽車和破爛兒。有時我們便和朋友來這種地方遠足。遠足是發現另一個香港的好方法。我們途經許多荒村，既然香港寸土如金，為什麼沒人來翻新這些老宅。在法國，這樣的老宅是受到保護的，英國和荷蘭也是如此，他們會將老房子翻新，變成別有風味的度假屋。要是香港也能如此，那生活在鬧市中的人週末便多了一處清靜的好去處。

每次在郊野遠足，我都會墮入回憶，回憶法國的鄉村，但回憶往往被獨行的行山者為排解孤獨而播放的粵劇，或者三五成群的登山者的聊天聲打斷。法國的鄉村多核桃樹、栗子樹和橡樹。香港的山裏也有很多我叫不出名字的樹，樹皮斑駁，感覺年事已久；也有如傘一般的芭蕉葉，也常見垂掛着的如迷宮一樣的榕樹氣根。在一些老舊的村落，還能見到香蕉樹、楊桃樹和木瓜樹。春天，這些熱帶樹木的葉子竟然是紅色的。颱風的日子，山裏的竹林悉悉索索，這些大自然的細節，總給人一個世外桃源的感覺。

我清楚記得有一次和一群頗有經驗的行山者一起行山，他們選了一條非常陡峭的山路，我們要在烈日下走到釣魚翁峰。雖然路途艱辛，但最後到了峰頂見到壯麗海景，也覺得辛苦都值了。後來我還發現了很多絕佳的行山路徑，只要你肯早起，便能登高遠望，見到遠離塵囂、山海秀美的別樣香港。

☙ 大澳 ☙

　　我和仁同去的第一個離島是大嶼山，也是最大的離島。那時還沒有開通從港島到大嶼山的地鐵，我們必須坐船先到銀礦灣，然後從那裏坐巴士到昂坪的寶蓮禪寺，再步行到大澳漁村。那時著名的昂坪大佛和觀光纜車都還沒有。

　　那是 11 月的一天，秋高氣爽，我們到達大澳的時候正趕上日落，夕陽餘暉映照下更顯韻致。直到現在我還記得那天如畫的風景。大澳漁村被一條河分成兩部分，河兩岸是漁民搭建的水上棚屋，這是大澳最有名的景觀，有人說這是香港版的威尼斯。那時河上還沒有橋，要參觀河對岸的棚屋，需要坐擺渡舢舨，船身繫着繩子，靠人力拉動，稱為"橫水渡"。拉船的漁村婦女頭戴"客家帽"，帽頂中空，但邊緣垂下黑色面紗，可以遮住臉和脖子以防紫外線。棚屋的地板靠幾根柱子支撐，柱子伸進河水中，爬滿了貝類生物，周圍的河水看着黑乎乎的。有一些棚屋裝了冷氣，不然夏天一定待不了。2000 年一場大火幾乎毀掉了九十多間棚屋，重建的棚屋不是用木頭而是用錫板搭建。

　　小河的對岸是一片小島，這裏不通汽車，村民用自行車運載重物。空氣中都是風乾海鮮的鹹腥味。村民的家門口堆放着魚乾蝦乾，以及瓶裝的蝦醬，還有

夕陽下大澳的錫板棚屋

一些裝在塑膠袋內黃色的半透明物體，我後來才知道那便是魚肚，一種富膠原蛋白的海味食材。

如今我們也常去大澳，有了連接大澳大島和九龍的公路，我們便可以從大埔駕車到東涌，然後沿着海邊步行到漁村。大澳依然如二十多年前一樣休閒，只是現在有了橋連接被河分開的漁村，看不見“橫水渡”了，村民依然在戶外晾曬衣服，或者把魚、鹹蛋黃、金桔和海帶都鋪在屋門口曬，鄉間小路上常看見小山羊和黑狗在打盹兒。走累了在村裏吃一頓銀魚仔蒸茄子的大澳地道小菜，喝點啤酒，十分愜意。

大澳售賣蝦醬魚肚的海味舖

長洲

長洲是我去過的第二個離島，從港島到這裏比到大澳所花時間要短。來香港的第一年，我們經常到長洲島，直到兒子出生。去長洲的旅途從我們站在碼頭買船票開始就"精彩"了。因為前往長洲度假的香港人很多，大家都想早點上船佔個好位子，所以常有人在後面推搡。不過香港人總的來說還是非常文明，推搡也不是惡意，只是提醒前面的人繼續前行，不要停下來。船分上下兩層，上層有桌子，持頭等艙票的乘客可以坐上層。人們圍桌而坐，吃着泡麵，喝着飲料，打着撲克，或者聽着盒式錄音機大聲播放着的粵語歌。而從長洲回港島的時候，遊客們可能回家心切，於是又要忍受一次推搡。

初來長洲，我去了著名的北帝廟和張保仔洞，前者已經年久失修破敗不堪。張保仔是十九世紀廣東沿海著名的海盜，傳說他把寶物都藏在這個洞裏。但說實話，這個洞沒什麼可看的。而大部分來長洲的香港人都只為了遠離塵囂，但每小時有上百個遊客來到這座島上，人們依然處身繁喧之中。有的人去海邊游泳，有的沿着海岸騎車，而所有人無時無刻都在享受美食。我也想租輛自行車騎騎，但仁對這一類的運動沒什麼興趣，也就沒學過騎車。我很小的時候爸爸就教我騎車，學會之後我就自己騎車從家到外公外婆家，十分鐘車程。我好幾次鼓勵仁學騎車，他還是沒有嘗試過。

我們沒有下海游泳，只在海灘休息，海灘有太陽傘，我們躺在躺椅上感覺很愜意。島上不通汽車，只能通一些小型消防車，因此空氣比城裏好。然後我們通常會在魚市買條活魚帶到附近餐館讓廚師做清蒸魚。

在長洲我還聽到一句粗話，我問仁這是什麼意思，這種罵人的粗話我卻很容易記住。也是在長洲我首次聽到香港人在討論"移民"。那是 1989 年 6 月 5 日，當天我們和朋友在島上，他們談到當晚的事，我雖然不怎麼能聽懂，但我感受到大家的震驚。

長洲的閒適氛圍總讓我們嚮往，但有了 Lucien 之後我們也少有時間去了，想吃海鮮便就在灣仔的一家老店吃了，因為這裏離媽咪家不遠。我還記得點菜時，Lucien 幫着仁挑選活魚的樣子。

融入

∽ 工作和粵語 ∽

　　我知道，要想融入香港社會，體會這裏的豐富生活，必須得有份工作，還得會說粵語。如果說頻繁的搬家我還能適應，那我的職業生涯就一直有些坎坷不平了。來香港，我做過在法國根本沒想過要從事的工作。應用藝術那時不是熱門學科，尤其是陶瓷藝術，我們在這一領域也不認識什麼人。還有一大障礙當然是語言問題。

　　來香港的頭四年，我在法國國際學校工作，工作內容是看管學生。從第二年起，我又在一所幼兒園當助教，後來，有做過兼職藝術課老師。

　　在法國國際學校，我認識了很多生活在香港的法國人，或者用香港人的話來說，我走進了"鬼佬"的世界。他們都是隨家人來到香港，大部分人年紀比我大，而且有很好的經濟條件。他們平時會在中環的一家法國超市買乳酪、麵包和其他進口食物，價錢是法國的三倍，我不理解他們為什麼不去香港本地超市買東西。像我常去的濕貨市場他們是絕對不會踏足的，他們也不願嘗試中式蔬菜。由於他們確定不會在香港待很久，所以也不願花時間學粵語，我覺得和他們很難找到共同話題。有一些同事因為是和香港人結了婚，他們便比較願意和我分享很多實用的經驗。

我還發現香港生活着一群極其富有的人（或許這樣的發現太流於表面），這些人都把小孩送到國際學校讀書，有專職司機接送小孩。他們中有些人住在太平山頂或者淺水灣，這兩地的房屋租金，近乎天價，我很難想到什麼樣的人才能負擔得起。他們還是一些私人會所的會員，在這些會所裏，他們可以避開擁擠的人群，享受完全屬於自己的空間。那時的我完全想不到，二十多年之後，我也成了一個會所的會員。

當年下班之後我便去英國文化協會參加一週兩次的英語課。我很後悔以前在法國沒學好英語，不過不像香港，那時在法國並沒有很多機會練習英語。現在英語對我來說是必要的工作語言，因為我得和那些國際學生交流。同時，我也想學粵語，因此我開始照着仁的大家姐給我的一本手冊自學粵語。但因為我的工作環境不需要粵語，所以我幾乎沒有機會可以練習。一年之後，我在香港大學報讀一個粵語班，因為我之前自學過，所以可以跳過初級階段。上完中、高級課程之後，我還想繼續學習，但找不到合適的課程了。中文大學雖然有相關課程，但因為是全日制，且學費很貴，加上我還要上班，所以接下來我就找了些書自學，同時看了些連續劇，加上我有仁這本活字典，我進步很快。

只是要真正掌握這門語言，着實困難。那時又沒有各種軟件和網站可以幫我。對香港人來說粵語是母語，自然就學會了，所以沒人可以向我解釋這門語言的內在規律，他們只說你不斷重複練習就可以了。而且粵語不像普通話有一套標準的拼音系統可以幫助學習，雖然也有一些粵語拼音，但就連本地人也搞不懂其中規則。某些地名用粵語拼音表示出來居然與本來的發音不一致。比如"大埔"寫作"Tai Po"，而實際上"大"粵語中讀作"Dai"，所以為什麼不是"Dai Po"呢？而另一地名"太和"，"太"字寫作"Tai"，這又和發音一致了，這些都讓我摸不着頭腦。更讓我難以想像的是同一家人的姓氏居然有不同的拼音，比如仁的姓"張"，粵語拼音寫作"Cheung"，而他的兩個姐姐的姓卻拼作"Chang"！

與法國不同的是，法國人覺得外國人都應該會說法語，而香港人則認為外國人是一定不會講粵語的。因此不會講英文的香港人認定我肯定不會說粵語，也就不會和我交談，會說一點英文的便會大膽一些，來和我練英語。我其實想告訴他們我不是來自英語國家，而且我更願意和他們練習說粵語，但我又擔心這麼做只會加深別人認為法國人英語很差的成見。我有時也會開口說粵語，哪怕只說幾個詞，香港人都會又驚喜又好奇，然後很樂意和我多聊。

剛來香港，聽到粵語我總覺得他們在吵架，因為句尾總有拖得很長的"aa"（啊），"maa"（嗎），"lak"（嘞），"gua"（啩），或者"la"（啦），這些詞聽起來似乎有很重的感情色彩。我發現粵語和意大利語很像，聽起來都有些聒噪，我有一半意大利血統，也許因為如此我才覺得粵語有些親切吧！平時聽到次數最多的是"啊呀"，如同法語的"Oh la la"，還有"乜嘢"，就是問"什麼"或者"邊度"即是"哪兒啊"；香港人還會在表示人稱的名詞前加"阿"，比如仁稱他的爺爺奶奶為阿公、阿婆。

粵語裏也有很多外來詞，發音和本土的語言相混合，比如"dik-si"就是"Taxi"（的士），"baa-si"就是 bus（巴士），"saam-man-ji"是 sandwich（三文治）。除此之外，還有很多新近出現的俚語，掌握它們的最好辦法是看肥皂劇或者是多和年輕人聊天。

除了粵語，漢字也是一大難關，如果不會漢字，就連路牌和標示都沒法看懂。買東西的時候也是一定得進了店看了貨才知道這家店是賣什麼的。

香港人使用繁體字，新聞多用書面語，跟普通話的表達結構和用字一樣，但口語則有很大不同，所以你聽到的和看到的，雖然表達同一個意思，但所用的字卻不同。

1988年，我在港大報了一門漢字課，但一年之後因為懷孕覺得體力不支，沒有精力準備每次課堂上的聽寫，我只好退學。我現在認識差不多一千個漢字，但聽說日常所用的有二千多個，所以我所掌握的遠遠不夠。後來我又開始學普通話，一邊學發音一邊繼續學漢字。

1990年，我辭掉了法國國際學校的工作，轉到一家本地珠寶製造和出口公司的市場銷售部工作。這裏上下班都必須打卡，上班時早上八點半，下班五點半。起初兩年，我還住在羅便臣道，每天搭乘111或101路巴士從中環到紅磡；後來搬家到北角之後，我便搭渡輪上下班。

我是該部門唯一一個外國人，所以我必須強迫自己說粵語。比如很多時候，為了催貨，我得和完全不會英文的工匠溝通。我的同事都是本地人，他們教了我一些俚語，比如"搭11號"，意思就是"走路"，因為11中的兩豎就像兩條腿。有了語言環境，我的粵語進步很快。

有時同事帶我去茶餐廳吃午餐。茶餐廳總是很擁擠，因為還有人等位，所以我們得很快吃完。後來我乾脆學另一些同事自備午餐，坐在辦公桌前吃。這樣的午餐和在法國國際學校食堂吃飯很不一樣，法式食堂會提供前菜、主菜、蔬菜、奶酪和水果，而我現在也吃不到法棍麵包了。我偶爾也和同事去一家叫"阿二靚湯"的小店，這裏價錢有些貴。

而且我發現同事們通常都不在自己家裏吃早餐，而是順路買一碗炒麵或者粥，帶到辦公室吃。因此辦公室總是充滿了一股油膩的醬油味，聞着很不舒服。我一般會在家裏喝杯咖啡吃塊吐司再出門，但後來也會在鶴園街的一個小販檔攤上買杯熱奶茶帶到公司喝，同事們叭嗒叭嗒地吃麵，我則慢慢喝着奶茶。

我那時一週上五天半班，一年有七天有薪假期。法國人一週工作三十九小時，一年有五週的有薪假。當我跟我媽媽說香港生活多麼方便週末都能買東西時，她卻認為週日和家人待在一起比賺錢更重要，這是天主教對法國文化的深刻影響。雖然現在法國法律准許旅遊區的商店週日也可以營業，一些超市週日可以營業半天，但還是有人反對，認為週日是休息日。

我在這家公司工作了五年，五年之中我熟悉了香港的工業界。這份工作很有趣，但後來公司要求我要經常出差去參加國際展銷會，因為那時 Lucien 還小，生活學習都離不開我照看，我便辭職了。

　　辭職的那一年，我報了普通話班，並在長沙灣的明愛醫院做義工，給一位英國的足科醫生當翻譯，將病人講的廣東話翻譯給她聽，這份任務很難。有時我被安排去急症室做影印文件的工作，雖說比翻譯簡單，但見到各種病患心中也挺難受。這一年裏，我還考了駕照，對此我爸爸很高興，因為他總說趁着年輕趕緊把駕照考了，而我那時都快三十六歲了！

　　一年之後我又開始在法國國際學校上班，因為那時我們已經搬到九龍，我每天開車上班，節省了不少時間。但我就像巴士司機一樣，每天都在固定路線往返，即從達之路到藍塘道。新工作是擔任學校家長聯合會會長的助理，我又回到了“鬼佬”的世界。從前一些舊同事還在，別後重逢也讓人很開心。我每天固定時間上下班，享有較長的假期，因此我有更多的時間照看家人。利用空餘時間，我請了家教學粵語，又報了MBA課程。我已經有十年的工作經歷，加之Lucien已經長大即將出國留學，我想嘗試一些更有挑戰的工作，不久之後，我便又從法國國際學校辭職了。

　　休息一年之後，我又開始找工作。但我發現，雖然這時我已經有MBA學歷，找到一份對口職業仍非易事。這個時候找工作不僅要求會粵語和英語，還得會普通話，在語言方面，我怎麼和本地人競爭啊？嘗試幾個月無果之後，我放棄了。畢竟，我也不是為了掙錢而工作。我只是很在意別人的眼光，害怕外人認為我沒有能力，而我自己也要花了很長時間才接受當一名家庭主婦。但或許是文化不同，仁不在意我是否工作，我也發現很多香港男人都是如此，他們賺錢養家，頗感自豪。我的一些朋友還替我高興，說我福氣好，可以養尊處優地作太太。但對我來說，我還年輕，這麼早就過"退休"生活畢竟有些不甘心。我父母對我沒有工作也很擔心，他們總是希望我再去試試。

義工

雖然我沒有養家的壓力，但我也不想整天無所事事地過。我聽說"匡智會"經營的一家咖啡店需要幫手，因為他們正在培訓一些智障人士，給他們一個真正的工作環境來鍛煉。1995 年我在明愛醫院做過短期義工，現在我覺得在咖啡館幫忙更適合我。

於是，生活為我打開了新的篇章。我一邊做義工，一邊學普通話，閒暇之時便在研究烹飪或是製作首飾。

在咖啡館工作倒是沒什麼難度。義工的任務是整理餐桌，服務顧客。參加培訓的年輕人跟着義工們學做這些事情。學會粵語，幫助我不少，但我還得記住一些特定詞語，比如"上菜"、"樓面"等。一開始，那些受訓人員都很害羞，不敢和我交流。不過慢慢地，他們習慣了看着我這名外國人工作，開始和我說話。我也教他們用英文說菜單上的菜名和飲料名。看着他們一點點進步，我覺得很是鼓舞。

三年之後，咖啡館遷到新址，我繼續留在這裏，而且比以前花的時間更多。接下來的兩年裏，我每天都在這裏幫忙，直到後來義工越來越多，人手充足，我便去得少些了。我後來又在另一家非牟利組織經營的咖啡館幫忙，主要是負責給顧客送湯、烤麵包和調飲料。同時我還在這家咖啡館的麵包坊幫忙，這裏的工作人員也是有些智障人士。三十年前來到香港時，我絕對想像不到有一天我會在一家麵包坊裏製作最具中國特色的糕點——月餅。

在非牟利機構當義工，在麵包坊內第一次製月餅

如今，這兩家麵包店我每週會各去一次，如果麵包坊需要幫手，我也會去幫忙。我發現，這些受訓的年輕人雖說智力有些障礙，但他們卻在另一方面有着不一樣的稟賦，因此他們完全可以如正常人一樣工作，而且工作得一樣好。我還發現他們心直口快，對人熱情，和他們在一起，我很開心。我覺得一個社會也需要包容這些有問題的人，給他們提供同等的工作機會。

此外，我還在另一家非牟利機構幫忙，在一些醫院裏組織藝術、手工活動。這些活動針對在醫院裏候診的小朋友，或是那些排隊拿藥的父母。一些輕鬆的文娛活動，可以緩解大家的緊張。如果我小時候也知道藝術的療效，我可能會選擇學習相關專業。

在過去的十年裏，我也經常和仁以及一些慈善機構一起去中國大陸，為貧困地區的優秀學生頒發獎學金。這樣的經歷讓我看到了繁華中國的另一面，這當然是我在那些大城市旅遊無法見到的。

做義工拓寬了我的視野，也讓我看到教育和訓練可以改變年輕人的命運，幫助他們融入社會。能夠幫助到別人，讓我覺得很有成就感。我發現我得到的比付出的更多，在幫助別人的同時我也在幫助自己，而且我認識了很多朋友，這是非常難得的經歷，亦開展了我人生的另一新頁。

於 2010 年 7 月到河南揀選學生頒發獎學金,住在偏僻地區的小孩從沒見過鬼婆,紛紛要求我在他們的小冊子上簽名留念

在揀選獎學金學生活動上，學生在築紙橋

❧ 友誼 ❧

對我來說，因為有仁的支持，在香港定居並不難，難的是遇到聊得來的朋友。初來香港，我沒有自己的朋友圈，我認識的人都是仁的朋友，或是從前在法國就結識的香港朋友。我知道，如果想擴大社交圈子，我得會說廣東話。

我的第一位朋友叫麗麗，她是仁在中文大學的校友。麗麗很熱情，經常不厭其煩地為我翻譯，還教我說粵語。她也介紹我認識了她的一些朋友，週日，她們常會結伴到我們置富花園的公寓跟我學法語。她們學過一些法語，想多練練口語，於是我便組織了"法語班"，當然不是正式的課堂，只是大家在聊天中學習。我也會邀請她們來我家參加聖誕聚會。那時還是迪斯科流行的年代，我常和麗麗她們去跳迪斯科。1986年到1990年，我們常去尖沙咀的"Canton Disco"，店裏每過一段時間就會噴出乾冰白霧，很不好聞。置身在白霧中，我感覺就像自己是被噴了藥的蟑螂。我更喜歡灣仔君悅酒店的"JJ's"或者是香港仔的"卡薩布蘭卡"，這裏的顧客年紀大些，比較斯文。

想來奇怪，我們倒是從沒去過蘭桂坊，雖然那裏也有好幾家的士高。那時的蘭桂坊不像如今這麼大名鼎鼎，大概是從九十年代初開始，蘭桂坊逐漸名聲在外，如今是遊人必到之地。

後來，麗麗患病做了手術，週末我們便會陪她去行山，讓她可以做些運動呼吸新鮮空氣。但讓我至今沉痛的是，2006年，麗麗最終不敵病魔，離開了人世。

工作的時候，一些同事也成了朋友，現在都還有聯繫，不過有一些已經回了法國。讀 MBA 時，自然也交了一些朋友，雖然我是班上唯一的"鬼婆"，但因為我會說粵語，便很容易和他們打成一片。現在我都還和其中幾位保持聯繫，我們經常還會一起吃飯，其中一位還在我 2005 年重新開始學普通話時成了我的老師。

做義工時，我認識了很多和我有類似經歷的女性，很多人和我成了非常要好的朋友。

當初苦學粵語，讓我受益匪淺。若不會說粵語，我肯定也沒法認識這麼多朋友。

吃在香港

　　和法國一樣，香港也是美食天堂。粵菜精緻細膩，且不斷推陳出新。港英時期，英國的菲臘皇夫說："四條腿的除了桌子，帶翅膀的除了飛機，會遊的除了潛艇，廣東人都吃！"但其實這點倒和法國人很像，雖說法國人不吃蛇肉，但他們也吃些奇奇怪怪的動物，比如蝸牛、兔子、青蛙（蛙腿），還吃豬蹄、豬耳、豬嘴、豬血和豬內臟，只是做法與香港不同。另外，香港人和法國人都同愛吃鴨肉。

　　不過有些食物我是花了很長時間才懂得欣賞，比如新鮮的豆腐、皮蛋和苦瓜。我之前在法國的唐人街買過新鮮豆腐，覺得滋味寡淡，但腐乳卻像藍乳酪般美味。我在冰箱裏經常備有一瓶腐乳，用來抹在自己烤的麵包上吃。皮蛋起初聞起來就像我媽媽從前用來清洗沙發的氨水洗滌劑，就算她開了窗透氣，我躲在自己房子裏還是能聽見她被嗆得咳嗽。而我之前不吃苦瓜的，後來它竟成了我喜愛的食物，到底是我味蕾變了還是現在的苦瓜沒有以前的苦？

自在法國喝過罐頭蛇湯之後，來香港我又去餐廳嚐過一次，蛇羹中還配有油條塊和新鮮菊花瓣（竟然不知道菊花還有這種用途），味道比罐頭蛇湯鮮美很多。

但我不喜歡中餐放很多味精。來香港之前我還不知道味精為何物，每次在外面餐廳吃過飯之後我都覺得異常口渴，才知是味精所致。香港人似乎已經習以為常，不過後來越來越多人意識到味精對健康不利，於是餐廳會表明自己的菜裏少味精或者不下味精了。但每次見到超市裏在賣袋裝味精，或者是中菜食譜上寫請加四分之一勺味精，我還是覺得很奇怪，為什麼一定得要這種添加劑呢？

湯

湯在香港人生活中很重要，不喝湯就等於一頓飯沒吃完。煲湯也是媽媽們表達愛意的方式，尤其是慢火久燉的老火湯。我和仁搬出來住之後，媽咪經常打電話叫我們回去"飲湯"。我自己的媽媽從不會說回來"飲湯"，她會說"回來吃魚糕"（魚糕是里昂人必吃的一道菜），食材不同，關愛卻是一樣。我的外婆外公都來自靠近意大利和瑞士的羅納·阿爾卑斯地區，外婆過世得早，我媽媽十七歲便學會給外公及其他四兄弟姊妹做肉丸。她做的馬鈴薯千層批也是一絕！

我在香港煲的第一次湯，食材有番茄、胡蘿蔔、白蘿蔔、杏仁和肉。我對自己的“中式雜菜湯”感到驕傲，覺得仁一定愛喝，但他卻不以為然，說不要把冰箱裏什麼東西都扔進湯裏，我問為什麼，他卻只說我選的食材不搭調。我那時覺得他真是小題大做，後來我才知道這與中醫所講的冷熱相生、陰陽相調有關。我還以為“陰陽”只是那個黑白相間的太極圖呢。不過後來，我慢慢體會到其中奧妙，想起我一喝茉莉花茶便覺得暈眩，想來這也是陰陽不合的原因吧。香港人根據季節氣溫的不同，會選擇合適的湯品。煲湯雖然不難，但讓一個“鬼妹”弄清楚什麼食材相搭為宜卻非易事。

中國人也很清楚植物的藥用性，這一點我也贊同。我媽媽如果胃痛、頭痛時，就會喝香草茶，她還會用甘菊做成的小藥包按摩眼睛，防止淚管堵塞。Lucien小的時候，媽咪也試過這個法子，不過用的是菊花。但大部分法國人並不太注重植物的藥用性，所以在法國只有咖啡店，沒有涼茶舖。小時候我最怕腳上長瘊子（廣東人稱之為“雞眼”），每次都不敢碰它。後來我在媽媽的一本書裏知道白屈菜的汁液可以除瘊子，正好我家院子裏種了白屈菜，每天晚上我便用其汁液擦拭雞眼，三週之後它居然不見了。這也是為什麼我一直相信中醫所說植物具有藥用性。

"煮婦"

1986 年和仁自己出來租房之後，我偶爾也下廚，但主要還是仁做飯。他拿手炒蔬菜，煲湯，或者做冬菇燜雞，就是當年他在巴黎為我做的那道菜。有時我們也做沙律或者胡蘿蔔燉牛肉。我有一個小烤爐，這樣我可以烤大蒜餡餅和麵包。置富花園內的超市可選的乳酪種類不多，大部分都是人工乳酪，我所熟悉的西式調料也很少。咖啡和紅酒種類也不多，我只好用這些有限的食材來做飯。有時我會去中環太子大廈的食材店買一些紅酒醋和第戎芥末來調沙律汁，再買些全麥麵粉來烤麵包。

我很愛吃叉燒包，於是打算自己學着做，為此我還專門找到食譜和兩個小竹蒸籠。但當我告訴仁我的打算，他卻覺得完全沒必要，因為香港人不會自己在家做港式點心的，外面的點心應有盡有，何必自己再費時費心折騰一番呢？所以躊躇滿志的我卻沒有機會嘗試做叉燒包了，兩個小蒸籠我只好用來存放針線、舊紐扣和一些絲帶。

後來一個朋友推薦我一本講中國蔬菜的書，是一個美國人寫的。我一向對新鮮事物感興趣，馬上到天星碼頭旁的那家英文書店去買了一本。她的書很管用，我學到不少中式素食的做法，但仁說書上很多食譜只是迎合"鬼佬"的口味，並不正宗，但這次我沒聽他的。

上班的時候我沒什麼時間做飯，但不工作之後我便開始花時間鑽研廚藝，慢慢學習做中菜。畢竟原材料易得，而像牛油、奶油、牛奶這些法餐必備材料漸漸不再出現在我的廚房。除了買最平常的白菜和菜心，我還買回來一些從前不知其為何物的蔬菜，比如蕨菜、南瓜苗、霸王花等等，後來我還開始寫博文介紹自己的做菜經歷，不論成功的或失敗的，都與大家分享。

飲茶

在巴黎時，每個月仁會帶我去一次聖米歇爾區（St. Michel）附近的一間名為"香港"的廣東茶樓"飲茶"，但那裏的佈置、氛圍與食物都與我後來在香港見到的茶樓很不一樣。香港茶樓人聲鼎沸，點心款式種類繁多，餐桌大多緊靠，大家都得擠着坐。茶樓很大，同時可以容納兩百多人。內裏裝潢都有些浮誇，到處是鑲金龍鳳圖，服務員身穿高開叉的旗袍，看着很性感。桌子的大小可以根據客人多少來調節，最大的圓桌上有塊轉盤，這樣就省事很多，在法國吃頓飯光是傳遞食物就要花很多時間。人們圍桌而坐，用自己的筷子夾菜，我覺得這樣不太衛生。2003 年"沙士"之後，絕大部分餐館都會提供"公筷"，到現在，人們夾菜也都用"公筷"。

香港人愛在週末和家人一起"飲茶"，所以"飲茶"對我來說等同溫馨歡樂的家庭聚會。在酒樓裏，可以看見有人一邊讀報一邊抿一口茶，或是不緊不慢地品嚐一口點心。不過現在大家都會在手機上看新聞，還有很多人飲茶時還盯着手機屏幕看。

我們去的茶樓通常都很熱鬧平民化的。媽咪喜歡喝菊花普洱茶，我以前都不知曬乾的菊花可以用來泡茶。桌上擺滿了各式各樣的點心，小碟子和小蒸籠堆疊得通桌皆是。蒸牛肉球我不怎麼喜歡，因為口感太軟而且裏面有芫荽，我不太接受芫荽的氣味。雞腳用來做點心也令我嘖嘖稱奇，還將之美名為"鳳爪"呢！鳳爪吃起來有點像雞冠。小時候我和姐姐弟弟吃雞，我們會輪流吃雞腦袋的肉，輪到我時，我會把雞冠也吃了，我父母每次都會取笑我連雞冠都要吃。現在想想，是不是那時我已內藏對中菜的癖好，連自己也不知道呢？不過雞腳比雞冠有嚼頭，而且現在不用和姐弟輪流吃了。我以為香港人還愛吃別的什麼"爪"，幸好他們不吃虎爪、狗爪之類。

那時最常見的糖水是紅豆湯和芒果西米布丁。我想起小時候我媽媽也用西米煮湯，我們叫它"日本珍珠"，雖然名字很誘人，但我并不喜歡西米。不過香港的這道加了椰汁的芒果西米卻很好吃，原來西米應該這樣做而不是搭配雞湯！

讓我印象最深的是老式茶樓裏的點心車，這裏的服務員多為女性，她們推着裝滿了點心的餐車在茶樓裏走來走去，你想吃什麼只要指給她看她就會從車上拿下來給你，這對語言不通的我來說最好不過了。雖然點心都蓋在蒸籠裏，但她們會把蓋子打開讓你看。選好之後服務員就會在一張餐卡上用不同印章蓋上對應的大點、中點、小點或特點數量，餐卡底端寫着"茶錢"，這只是茶位費，可不是給店員什麼賄賂。如今，這樣的點心車越來越少見了。"埋單"的時候，服務員會很大聲的報出價錢，我覺得這樣會讓請客的人有些尷尬呢。

茶樓服務員的速度也讓我不得不佩服，光是看他們收拾桌子擺放餐具動作之迅速就讓人嘆為觀止。乒呤乓啷一陣巨響之後，桌上狼藉一清而空，他們竟然也不擔心摔壞這些陶瓷餐具。然後他們兩臂一揮，用桌布裹好桌上的殘餘物，然後漁夫撒網般呼啦一下就鋪上了乾淨桌布，再如發牌一樣甩出乾淨餐具，只見杯盤碗碟都飛到桌上。他們倒茶的方式也讓我眼界大開，他們先把茶杯挨個兒緊靠，然後茶水從上經過每個茶杯連貫傾瀉，雖然茶水會從杯子的空隙間滴到桌布上，但也很快就乾了，而大部分桌布看起來都像經歷過無數茶滴的樣子。

我在法國很少見到大家排隊等位用膳，如果一家餐廳客滿，大不了去另一家。但在香港，等位司空見慣。除了人多位子少之外，還有大部分茶樓都不接受訂位，如果你不早到，便只能排隊等位。每次我們和媽咪飲茶，她都會先出門，趁人少趕緊找座位，這樣我們就不用等位了。我們住在置富花園那時，如果遇到等位，我們就先拿個號，然後去逛逛街再回來。有時甚至買了東西，再把東西放回家，回到餐廳，竟然還沒到我們的號。

對我這個語言不通的鬼婆來說，老式茶樓的點心車多方便，
想吃什麼只要用手指指便可

在一些有名的茶樓，比如置富花園附近那家，因為生意太好，除了等位還要和其他不相識的人"搭枱"（共坐一桌）。最匪夷所思的是客人們坐下後，便自己用桌上的熱開水洗碗筷，這在茶樓裏很常見，我不敢想像在法國的餐廳如果客人自己洗碗筷，餐廳的老闆會如何反應。

用筷子吃飯對我來說沒什麼難度，但在只有筷子沒有刀叉的情況下，我只能用牙齒咬斷像菜心的長杆子蔬菜或者大塊雞肉，這就很難了，因為一咬就會有食物纖維卡在牙縫裏。我看到有些人用牙籤清理牙齒，一隻手捂住嘴，另一隻則忙於往牙縫裏挑，很是詫異。兒時媽媽教我吃飯時不可發出聲音，但我見香港人吃麵時使勁兒地吸，發出叭嗒聲，但他們倒沒覺得不雅。

～ 大排檔 ～

第一次見到大排檔是在灣仔的寶靈頓街的市集，大排檔太多在市集旁邊營業，細小的檔口賣着簡單的傳統美食，服務快捷。我們入座後，老闆端來塑膠杯子和一壺解暑的茶。但旁邊爐火轟隆隆地響，加上鍋鏟敲打鐵鍋的聲音，增添了熱火朝天之感。隨着火焰竄上鐵鍋，一股菜香撲鼻而來，廣東人稱之為"鍋氣"。但自己在家做飯，很難炒出鍋氣。

大排檔餐館裝潢很簡單，當日的菜單和廚師推介都貼在四周的牆上。地上多油污，殘羹冷炙都被倒進一個塑膠大桶，而這個桶就放在餐桌不遠處。儘管看着不太衛生，但食物非常美味。

通常大排檔的生意都應接不暇，我們還沒吃完，等位的客人就已經站在我們背後了。我喜歡慢慢享受美食，但在這樣的"壓力"之下也顧不得細細品味了。一旦我們叫"埋單"，等位的客人馬上靠得更攏，我們一起身他們便立刻坐下。一開始我會覺得這樣有失禮數，但知道有名的大排檔通常也一座難求，便也理解人們的急切。和茶樓一樣，大排檔的服務迅速得令人驚歎，店員用塑膠桌布裹上食物殘渣，一次收走所有用過的餐具，隨即換上乾淨的杯盤碗碟，速度之快有迅雷不及掩耳之勢。

我記得我們在九龍一家大排檔吃煲仔飯，蒸好的米飯上鋪着牛肉、雞蛋、臘味。這是我第一次吃港式臘腸，它比法式香腸甜，又有玫瑰露酒調味，味道對我來說很奇怪。

❧ 港式奶茶 ❧

我的香港朋友麗麗帶我去過一間賣港式奶茶，在九龍深水埗的茶餐廳。店裏的裝修風格類似十九世紀

在太子道的茶餐廳喝港式奶茶

初歐洲的裝飾藝術。貼了瓷磚的牆上有各種彩色的宣
傳海報、餐單和主廚推介。麗麗說這家店的港式奶茶
是數一數二的有名。其實我之前嚐過港式奶茶，覺得
味苦。這一家奶茶的確特別，茶雖濃苦，但不掩醇香，
淡奶加得恰到好處，口感絲滑。奶茶是否好喝，首先
取決於茶的質量，上好佳品是錫蘭紅茶，過濾也很重
要。聽說最好的奶茶是用穿着過的絲襪過濾的！麗麗
還讓我試試"鴛鴦"，一種奶茶和咖啡的混合飲品，
還有茶餐廳的招牌茶點"西多士"。"西多士"就是
港式法國吐司，但和法國吐司有很大區別。在法國我
們是用隔天的麵包混在牛奶雞蛋裏，然後放在鍋裏配
牛油煎至金黃。而港式西多士卻像是塗滿了花生醬的

油炸三文治，上面放上一塊牛油，牛油因着麵包的熱度慢慢融化，吃的時候還會淋上糖漿。這一份西多士足夠我們兩人吃。在香港生活久了，我慢慢喜歡上港式奶茶，只是害怕晚上失眠，下午過後我就不再喝。

搬到九龍塘之後，我發現太子道西有家與別不同的茶餐廳。這裏的顧客大部分是老人家，他們早晨在附近園圃街的雀鳥市場遛了鳥，便來此喝早茶，把鳥籠掛在餐桌上方的金屬杆子上。平時我在附近的花墟買了鮮花，或者在春節前買了水仙花頭，我便會到這家茶餐廳享用一杯熱奶茶。我還跟父母以及一些法國朋友推薦了這家店，他們也很喜歡，香茶配厚厚的法式吐司，更有鳥兒啁啾，很是愜意。

海鮮

在靠近中國大陸的流浮山地區，海鮮及生蠔非常有名，我也從而得知香港人愛吃活海鮮的習慣。

流浮山的餐館和魚肆並列在同一條街上，魚類貝類都養在盆子或者玻璃魚缸裏，但牠們並非用作觀賞而是隨時可能成為盤中餐。一想到這裏面其中一條活生生的魚將會因為我的"選擇"而成為桌上的海上鮮，我實在有點兒不忍心。

還有那些大象鼻子一樣的軟體動物，我都不知道牠們是用於觀賞還是用作食材。魚類石斑魚居多，蝦也都是活的，價錢除了要看牠們的大小還有新鮮程度。在法國是買不到活海鮮的（生蠔除外），市集裏無論海鮮河鮮都是早就處理好了放在冰塊上賣，在內陸城市比如我的家鄉里昂，甚至煮熟了的蝦蟹以及粉紅色的甲殼海產，都是鋪在冰上賣的。

我們在流浮山其中一家魚肆買好魚，提着去附近一家餐館，魚在塑膠袋裏亂跳，掙扎求生。我們點了"清蒸魚"，這在香港是最常見的烹調魚的方式，這樣可以保持魚的鮮美和肉的嫩滑質地。於是這條魚被帶進廚房做成了清蒸魚，我從不知道新鮮海鮮的味道是這麼鮮美的，與"冰上鮮"簡直有天壤之別。

要說最鮮美的食餚，日本菜可算數一數二。我猶記得一位朋友為給我們新婚道喜，請我們去銅鑼灣的一家日餐館，這餐館以活吃龍蝦聞名。當我用筷子去挑龍蝦肉時，牠的觸角和眼睛還在動，龍蝦肉雖然鮮美，但這樣的吃法太殘忍了。之前我唯一生吃過的海鮮是生蠔，但至少生蠔不會對着我在碌眼睛。

我還記得有一年秋天，我們去麗麗的一位朋友家吃大閘蟹，香港人甚是喜愛大閘蟹，所以每年入秋，大閘蟹到了肉肥膏黃的時候，便是香港人的饕餮之時。可是大閘蟹吃起來非常繁瑣，我看着不知從何入手。看我沒什麼興致，麗麗便教我玩"黑芝麻，白芝麻"，類似剪刀石頭布的一種遊戲。如今她已不在人世，但過去的歡樂時光，依然歷歷在目。

∽ 燒味 ∽

法國人喜歡吃鴨肉，比如烤鴨胸肉或者香橙鴨，但是法國人不吃鴨皮。第一次吃北京填鴨，看到服務員把鴨皮片下來，還帶着許多肉的骨架卻被帶回廚房去，我還以為我們上當受騙了，付了錢只能吃鴨皮，很是氣惱。仁馬上解釋說在這兒一鴨兩食，稍等會有一碗鴨肉湯端上來，用的就是剛才服務員帶進去的鴨肉。北京填鴨的吃法，用麵皮包裹鴨肉和葱，再配上甜海鮮醬，在我看來很是講究。

不解為何侍應把還帶着許多肉的北京填鴨拿走

港式燒味店也是一大特色，店裏面朝大街的櫥窗裏掛着叉燒、燒鵝、燒鴨等，還賣一種鹵水墨魚，因為呈橘色，看着像假的一樣。

我常常想念法國市場上掛在滾輪上烘烤着的烤雞，以及搭配烤肉的各種香料。不過香港的燒乳鴿也很美味，皮脆肉嫩，這比法國烤雞還要好吃。最有趣的是燒乳豬，第一次吃燒乳豬是在朋友的婚宴上，看到端上來的乳豬的兩隻眼睛被換成一對亮着的紅色燈泡，就像端上來一個插着蠟燭的生日或者婚宴蛋糕一樣，令我忍俊不禁。說到香港的婚宴，通常宴席結束之後賓客都會隨即回家，而不像法國的婚禮通常慶祝至午夜過後。香港婚宴另一個有趣的習俗是給一對新人送銀行禮券作賀禮。在法國，新婚夫婦都在他們揀選的商店裏訂下禮品購物清單，清單上大多是新居所需的餐具或酒杯之類，賓客們可從清單上選擇禮品，直接到商店付款，作為送給新人的結婚賀禮。如今還流行送新人一次出國蜜月旅行或乾脆銀行支票一張。我覺得香港的銀行禮券挺不錯，裝在漂亮的信封裏，再附上祝福卡片，既高雅又實際。

節日

在香港不僅有傳統中國節日也有西方節日，比如復活節、萬聖節、聖誕節。有一次我晚上回家，在中環看見人們都扮成妖魔鬼怪，成群結隊往蘭桂坊方向去了，才意識到那是萬聖節。那時，法國人還不會慶祝萬聖節，現在，法國也受美國文化影響，到了那一天，小孩們會穿着鬼怪精靈的服裝，上門討糖果。

春節

春節是一年中最重要的節日之一。雖然西方人稱之為"中國新年"，但春節比西方的新年要複雜多了。春節持續兩週，這期間，遠在天邊的家人們都會回來，一家團聚。

1987 年的春節，是我在香港過的第一個春節，那年春節是在 1 月中旬。當時聖誕剛過，餘味還在，聖誕滿街的彩燈讓我感嘆香港的華美，而人們趁着節日瘋狂購物的歡樂，讓本來就不缺乏人氣的香港更加熱鬧了。虎年即逝兔年將近，人們都忙於辦年貨迎新春，但那時我初來乍到，並未完全融入這個社會，對於周圍的熱鬧歡慶我感覺得自己似是個旁觀者。

春節前幾天，仁告訴我年三十晚商店會比平時早一些打烊，然後到年初四才開門，所以我們得提前準備好食物和年貨。年三十晚我五點下班回家，仁已經在家裏等我，有點等得不耐煩。那時沒有手機，仁也不能催我快點下班。回到家我們便馬上跑去薄扶林村的市集買東西，但去到那裏發現已經不剩什麼，店家都忙着打掃店面準備回家過年了。我知道商店會早打烊，但不知道這麼早，因為我發現香港就連假日商店都會開門，我那時還不太了解春節對中國人的意義。幸好超市裏還剩些蔬菜，雖然好的都賣清光了，但有總比沒有好。

雙關語和節日裝飾

中文裏有很多同音詞，也有很多雙關詞。比如春節時，香港人將"柑桔樹"放在樓房大堂，象徵大吉大利，金銀滿屋。年貨裏還有橘子，因為發音也與"吉祥"的"吉"相同；媽咪在大門上倒貼了"福"字，代表"福到"。

臨近佳節，大街小巷都播着同一首歌，雖然意思我不懂，但能聽出其中的歡樂。家家戶戶都忙着掛彩燈，貼揮春。電視裏的廣告也不停地播着穿着傳統衣服的小女孩蹦蹦跳跳地吃着巧克力、糖果和曲奇餅，這些都是常見的新年禮物。

年尾掃除、買新衣

年尾大掃除的習俗和法國一樣，我媽媽也會在開春之前大掃除。這一習俗源自於過去農民們清理糧倉為來年的收成騰出空間。我覺得大掃除總是一件好事，不但讓家裏乾淨還有除舊迎新帶來新氣象的意義。

這時人們也會添置新衣服，我記得我媽媽說我的外婆外公也會在新年時給子女們買新衣新鞋。但如今人們隨時可以買新衣，加之美國文化的影響，大促銷通常是在聖誕前後，新年買新衣的習俗也慢慢淡化。

花市

年三十晚和家人吃過團年飯以後，我便和仁的姐妹們去逛維多利亞公園的花市。花市有兩部分，一部分賣乾貨比如玩具、小玩意和揮春對聯等，另一部分才是賣花。因為 1987 年是兔年，所以幾乎所有商品都和兔子有關。花市人很多，家家戶戶老老少少都興高采烈地來湊興購物。我沒有買花，卻買了一個金紅色的風車。中國人認為在新年買風車可以為來年轉來好運，不過我並不怎麼迷信，買一個是當做紀念。之後的春節，我們怕年三十晚人擠，都會早幾天到花市採購。搬來九龍塘之後，我們便少去維多利亞公園的花市，而是去花墟公園買劍蘭和柑桔樹。而在春節前的一個月，我就去太子道的花市買水仙花頭自己種植，正好等到它們在春節綻放，香氣襲人。

經過一番精心準備，終於迎來新年，平日裏喧囂的城市突然間安靜了下來，商店打烊街上空無一人，店門口貼了紅紙，寫着重新開業的時間。這是我從未見過的香港，雖然街上冷清，但家家戶戶此刻都在温馨過年，家裏充滿了歡聲笑語。年初一初二我們去仁的親戚家拜年，我吃了許多應節的蘿蔔糕和年糕。大年初二媽咪和親戚在她的哥哥家裏打了一下午麻將，熱鬧的搓麻將聲讓節日增添了幾分喜慶。

派利是

香港人在新年有派利是的習俗。這讓我想起我的外公，他也會在新年給他的九個外孫每人發十法郎的硬幣作為"壓歲錢"。在法國的小城鎮或村莊，新年時送消防員或郵遞員紅包以交換一本新年日曆的習俗現在還有。

按照香港的習俗，新年只能用新紙幣來封紅包，所以很多人新年之前會在銀行排隊換錢。我以為利是通常只是給家裏的晚輩，但發現這不只局限於家庭成員之間。派給大樓管理員我倒是可以理解，因為這是表達我們對他們一年辛勤的感謝，但已婚者派給同齡或者甚至年紀比我大的未婚朋友我就不能理解了。我以為我是外國人不必遵照給未婚朋友派利是的習俗，其實不然。我要派的利是媽咪已經很貼心地為我準備好了。

我自己收到的第一份利是，是年初一媽咪給我的，接着仁的阿公阿婆，舅父和九姨在年初二也送了我利是。我和仁又托舅父舅母將媽咪為我們準備的利是轉送給仁的表兄弟表姐妹。

當着送禮的人拆開紅包是不禮貌的，所以小孩子們必須回到家裏才能打開紅包細數裏面的利是。年初二我們和仁的朋友一起去灣仔碼頭看煙花匯演，因為他們都還是單身，所以熱烈地對着我們說"恭喜發財"，言下之意是"紅包拿來"。看着他們突然變的像小孩一樣，把我逗樂了。聽香港人互相祝福"恭喜發財"也很有趣，因為法國人都很避諱提錢，我不知是不是天主教的影響甚深，財富是不可宣之於口的。

蘿蔔糕和糖果

新年要吃"吉利"的菜，阿公的拿手菜"南乳炆齋煲"可算是最吉利的了，他用了各種具有吉祥名字的食材來烹調。

蘿蔔糕我聽過很多次，但第一次吃是在春節這幾天，沒想到它口感這麼細軟綿密。大家見到我都要問我吃過蘿蔔糕沒有，我的婆婆會不會做，還有我有沒有去給仁的親戚們拜年，有沒有準備利是等等。

令我印象深刻的還有媽咪和舅母用來裝金幣巧克力、果脯、堅果、瓜子和糖果的紅漆木盒，（香港人稱之為"全盒"），看着很是喜慶。仁喜歡大白兔奶糖，他說這個味道讓他想起童年，但他更喜歡紅瓜子，聽說紅彤彤的瓜子不但會帶來好運，還可在新春伊始驅邪逐魔。他教我嗑瓜子，但我怎麼也學不會，因為瓜子殼總是會卡在我的門牙縫裏，很不舒服，所以瓜子再好吃我也不願費勁去嗑。

我還記得九姨和媽咪老是叫我吃蓮子，後來才知道蓮子諧音"連子"，九姨是希望我們早生貴子。仁是家中獨子，因此添丁在張家長輩的眼裏自然格外重要。其實法國也有這樣的傳統，雖然長輩（通常是男性）會說他們不在乎生男生女。

後來，我學會了做軟糯的蘿蔔糕和阿公的"南乳炆齋煲"，還會在過年前把全盒裝得滿滿的，尤其會特別為仁準備很多他至愛的糖果和紅瓜子。

新年時媽咪要我吃糖蓮子，連生貴子

年初三、舞獅

　　年初三，仁說不宜走訪親友，傳說這一天是"赤口日"，容易與人發生爭執。究竟是何依據仁也不清楚，不過我還是遵照習俗吧，於是我們自己出去散步。一週之後，春節的慶祝還未結束。我們經過置富花園旁的商場，看到有舞獅子表演。商店都開始營業，店門前掛着生菜和裝了利是的紅包。"獅子"經過一家店，就會躍起裝作吃掉生菜的樣子，其實是拿到了紅包，然後把生菜"吐"出來。掛生菜是因為生菜諧音"生財"，祈求生意興隆。然後"獅子"起舞致謝，再舞到下一家店。

如今的春節慶祝方式和1987年那時沒有什麼差別，只是除了店家現在會更早，通常是大年初二，就會營業。另外，以前我買水仙回來並不在意它何時綻放，而現在，或許是在香港待久了變得迷信，如果水仙遲遲不開，我便會忐忑不安。

∾ 中秋 ∾

中秋節是我來香港過的第一個中國傳統節日，至今記憶猶新。1986年的中秋，我和仁還有他的大家姐到維多利亞公園賞月。公園的草地上都是和我一樣舉家賞月的人。大家帶來了柿子、柚子，當然還有月餅。孩子們打着燈籠，有的點了蠟燭，用蠟油把蠟燭粘在裝月餅的鐵盒裏，端着像捧着一盞燈。燭光輝映着月光，夜色迷人。

中秋節讓我想到了西方的"三王節"，這一天，家人會聚在一起吃"帝王蛋糕"，或者是一起畫三王。"帝王蛋糕"通常藏了一個陶瓷小人兒，我和姐姐、弟弟都希望自己能"吃"到小人兒，成為當天的"帝王"或者"皇后"。

中秋之前，大街小巷都是賣月餅的。我記得剛來香港時，見到灣仔的那些店裏面全都堆滿了月餅盒，盒子上印着粉紅菊花，底色是亮藍和金色。第一次吃到的月餅是鹹蛋黃餡兒的，因為聽說蛋黃象徵月圓，所以人們把蛋黃包在月餅中。我因為從沒吃過鹹蛋黃，所以咬了一口覺得味道太奇怪忍不住吐出來了，但馬上就愛上它的蓮蓉餡兒，那種軟糯綿密的口感就像我媽媽做的聖誕栗子糕，雖然吃多了會脹肚子，但卻很美味。

對我來說中秋節是最開心及富有傳奇色彩的傳統節日。現在，每年中秋，我都會想起當年 Lucien 小時候中秋節提着紙燈籠的樣子，後來，紙燈籠被各式各樣的塑料燈籠取代，我們給 Lucien 買過玉兔的、超人的燈籠。

信仰

在香港，民間有多種信仰。媽咪似乎遵從佛道兩家。她家裏的走廊設有家族牌位，仁父親的遺像也在其中。每到節慶，媽咪就會為仁的父親上香，供上燒肉、白切雞和米酒。供奉完之後，這些食物會成為我們的晚餐。媽咪因為信佛，所以每個月在一些特定的日子，她也不吃牛肉。她還會過盂蘭節，俗稱"鬼節"。中國人認為農曆7月鬼魂會來驚擾生者，為了安撫亡靈，這一天要燒紙錢。我們的鄰居就在門口燒紙錢，煙霧瀰漫，有些則會在一隻大樓前的大桶裏燒紙錢。

我以前會和媽咪一起摺衣紙。這些衣紙金的銀的都有，看着很漂亮，我說買一些來貼在紙盒上裝飾，但仁說這怎麼行。摺好之後，我以為媽咪會叫上我一起燒紙錢，但她擔心煙燻到我，所以在我不知道的時候她自己去燒了。

清明或重陽，人們也會供奉紙錢給逝去的親人。這兩個日子，大家會去掃墓，而每年都有因為燒紙錢而引發的火災。仁說這兩天掃墓人太多，不如另擇時日。於是清明、重陽我們通常外出登山。我發現，香港人不只對先人供奉紙錢，還送上紙紮的樓宇、傭人、車輛，甚至新款手機，多古怪的習俗。在法國，我們每年會在 11 月 1 日的聖靈節這一天掃墓，打掃墓碑，所供奉的只有鮮花，通常是菊花。

仁的父親的骨灰安放在荃灣的圓玄學院，這裏集儒道釋於一家，有亭台廟宇和骨灰堂。因為香港可使用的土地太少，所以骨灰堂裏從地上到天花板的架子上都放滿了骨灰甕。因為我之前從沒來過此地，所以當置身與幾千張印在骨灰甕上的黑白照片中，總有種異樣之感。我們每次去看望仁的父親，都會點三炷香，然後對着他的遺像三叩首。阿公阿婆在 1998 年和 2001 年相繼離世；2006 年，媽咪去世，他們三人的骨灰都安放在圓玄學院。

算命求籤在香港也很常見。求籤的人會搖晃裝滿竹籤的籤桶，然後請解籤先生解釋自己搖到的籤。我一直很好奇，便也試了一次，但卻沒有找人替我解籤，因為我只想一試，並不迷信。而且有趣的是解籤先生每年如一日的解釋同樣的籤文，似乎有些好笑。後來，我去拜訪過黃大仙祠，因為名聲在外，這裏遊人如鯽，香火不絕。就連在黃大仙地鐵站，你都能從路人衣服上的香火氣味判斷出他們剛從黃大仙祠來。比起熱鬧的黃大仙，我更喜歡鑽石山的志蓮淨苑，它建於 1990 年。這裏更加寧靜，因為不能敬香，空氣也清新些。

當然還有"打小人"這一習俗，如我之前寫到。"打手"會用鞋打紙紮的小人，以幫委托人出氣，所以最好別和誰結怨吧。

中港三十年變遷

　　三十年過去了，一切都在變化，我也不例外。當年媽咪告誡我不要去濕貨市場，因為那裏又髒又亂；和仁一起去買菜，他讓我站遠點，因為商販們看着"鬼妹"就會加價，而如今，去市場對我來說已是輕車熟路，我還會和商販們閒聊，他們都很熱情，還常常送我幾把青蔥。

　　而這三十年，香港人口更加密集，高樓林立，交通線路不斷延伸到更遠的城郊，這個飛速發展的城市變得更加乾淨、安全，也伴隨着人們更加豐富的生活方式和交流渠道。

　　這些年裏，我見證了啟德機場的關閉，新機場在填海的地面上建成；見證了中環半山有了當時世界上最長的扶手電梯，見證了香港會展中心、香港文化中心、"又一城"以及無數新樓的建成，同時也看到那些熟悉的地標漸漸不復存在。我所住的第一個區 —— 灣仔，也發生了翻天覆地的變化。媽咪的家，也就是我剛來香港住的軒尼詩道上那棟樓，已被一棟更高的高樓代替。我常想，那些拆除的古舊的建築，是否應該保留，因為它們畢竟是香港人記憶的一部分。我去過的老戲院，中環的皇后碼頭、大澳的人力舢舨、老式的雙層巴士已經淡出生活，維港兩岸的樓越建越高，天星小輪碼頭已經不再位於香港大會堂前。我知道這是城市化必經的過程，但我不知道這樣的進程是否有停歇之日。新的事物當然代表新的發展，但是每次看到那些曾經去過的建築依舊還在，比如我們舉行婚禮的酒樓、我從前愛去的法式西點店，都會讓我安心。為了有空間建造更多的高樓，維多利亞港在不斷被填平，海港變窄，尖沙咀和中環越來越近，而這寸土寸金的地方，房價依然在上漲。

交通線路如今可以說是四通八達，現在香港擁有三條跨海隧道，一個國際機場，一個遊輪碼頭，還有連接大嶼山機場與九龍的青馬大橋。對我來說，如今搭乘巴士比從前容易多了，因為巴士站有了統一的站名，而且巴士都裝了空調。巴士車身上印有廣告，車內還有電視。現在香港人更加重視環保，室內空調通常不會開得如以前那麼冷了。

長久以來的衛生普及宣傳也有成效，現在看不到隨地吐痰的現象。也是出於衛生考慮，路邊的小吃攤、大排檔以及一些露天濕貨市場都搬到室內，灣仔的街市便搬到了皇后大道東。所以路面乾淨整潔的同時，也會讓人覺得香港少了些原本的特色。不過就算是在室內，肉舖中切好的大塊肉還是用金屬鈎掛在門口；此外，雖然少見，我還是看見過屠夫邊抽煙邊切肉，以及廚子在廚房抽煙。

高樓日漸增多，建築工人的安全也比以前更受到重視。雖然很多工地還是採用竹製棚架，但工人們都會戴安全帽繫安全帶。

從前香港大會堂裏那個小巧的文化博物館現在搬到了尖沙咀，而且可以舉辦文化活動的地點也比從前多了，比如香港文化中心、葵青劇院，都常有文化演出。1986 年香港只有兩所大學，而現在有九所。在街上看到異國夫妻也不再是什麼新奇景觀，而且有很多香港男士娶了"鬼妹"。

我也發現香港人的口味和購物習慣在改變。現在你可以在香港吃到各國美食，比起白蘭地，香港人如今更愛葡萄酒，飯後他們也會如西方人那樣點一款西式甜點或是一杯咖啡。因此現在滿街都可見酒坊、咖啡店和西點餅舖。八十年代香港流行日式百貨商店，而現在更多見的是西式的大型購物中心，還有很多奢侈品店。當然人們對時尚的定義也在變，看見染了棕髮或金髮的人，我也不會覺得驚訝。香港人總是擅於緊跟潮流，城市裏也出現了很多本土設計時尚店。

街頭的店舖如今少見公用電話了，因為通訊早已不是破費之事。我還記得八十年代第一次見到有朋友用"大哥大"電話，覺得很稀奇。1996年我有了手機，當年打一個長途電話都那麼艱難，如今動動手指就可以聽到法語歌和法國最新的消息。如果三十年前就如此，那我的生活會容易許多吧？

　　從英國殖民地變為自治特區，硬幣上的英女王頭像換成了洋紫荊花。以往瘦長的紅色郵筒如今被綠紫雙色郵筒取代，地鐵上的廣播從前是廣東話和英語，如今增加了普通話。

　　還有一點頗值得注意的是，香港人從以前的不問政事變得熱衷於談論政治。

　　如果能在1986年的香港找到法國的產品和資訊，我想我一定感覺置身家鄉一般親切，但這樣對學習中國文化便毫無益處了。學習粵語的確有助我和本地人溝通，也幫助我發掘中國文化的奧妙。

　　中國大陸也在飛速變化，很多大城市在設施方面已和香港沒有什麼差別，深圳和西安早就不是1986年我初來乍到的樣子了。當年在深圳所見的農田早就成了高樓，滿街都是汽車，堵車已是家常便飯，空氣當然不如從前。1995年開始，中國取消外匯券，商店應有盡有，餐館大多開到深夜，人們的穿着打扮已和香港人無甚差別。

三十年前香港人愛去大陸消費，如今大陸人則成群結隊到香港購物。但我也看見中國貧富差距懸殊，在我們去過的那些偏遠地區，落後的狀況和三十年前並無差別。這些年，我也常回法國，雖然也有新樓建成，但總體上看來，城市的風貌並無大的改變。

　　法國人現在每週工作三十五小時。法國經濟並不強健，加之稅收很高，很多法國人都去國外尋找更好的機會。從 1986 年到現在，香港的法國人從兩千增加到一萬六千。如今來香港的法國人，不像從前大多是法國公司外派職員，而多是自主創業的年輕人。

沒有結束的結束語

過去的三十年充滿驚喜，我不斷地去了解中國文化，而且總有機會嘗試我從未想過的事，做過從未想過的工作，在學校和私人公司都工作過，認識了法國人以及中國人不同的工作文化。我拿到 MBA 學歷，卻沒有從事相關工作，而是獲得了做義工幫助別人的機會。我學會了廣東話和普通話。我遇到了天資聰穎的學生，也幫助那些智障人士，這讓我意識到教育和關愛對健康社會的重要性。我住過七個不同的區，越來越入鄉隨俗。我也伴隨這座城市渡過她的難關，比如她遭遇禽流感和"沙士"襲擊時。我還想說的是，如果成為母親是經歷的最富挑戰的事情，那麼上天給予的最好的禮物就是兒子 Lucien。

雖然香港的外貌在變，但日常生活上那觸不及摸不到無形的東西，比如節日的喜慶和傳統的迷信都仍是這個社會最鮮活的部分。我們依然愛吃清蒸新鮮魚，喝港式奶茶，時不時去大澳感受漁村的悠閒，看落日的餘暉。還有，我依然如初地愛着仁，Lucien 雖然遠在國外，但他也給予我們同樣的愛與牽掛。

鳴謝

感謝我的父母，在三十年前允許我飛到世界的另一邊，更支持我和仁共諧連理，儘管當時他們對這位中國人認識不深。

感謝媽咪，把我看作親女兒一樣，給孫兒無微不至的照顧；感謝我的大姑、小姑：Emily、Brigit、Eva、Fanny 和 Alethia，把我當作親姐妹般看待。

感謝我的朋友，鼓勵我寫下自己的故事，與各位讀者分享。如果麗麗還在，也一定會鼓勵我這麼做的。在此也感謝商務印書館的毛永波先生和葉佩珠小姐，在撰書期間給我寶貴的意見。正是他們的好主意，讓我在某些場景添上插圖，得以重溫數十年前學過的繪畫技巧，回味我所珍愛的美好時光。

謝謝曾經教我普通話的湯曉沙小姐，以生花妙筆翻譯出我的故事，也感謝鄭少芳小姐和胡志強先生，為準備這本書的原稿出了不少力。

我最想感謝的是我的丈夫，一直以來陪伴和關心我，又鼓勵我學習中文，發掘香港最真實、最地道的一面。沒有他，我不可能適應香港的生活，更不可能在這裏落地生根。沒有他，就不會有這個故事。